모카우유, 사랑해

모카우유, 사랑해

모카우유 엄마아빠
지음

엔트리

모카를 소개합니다

생년월일 2011년 10월 22일

고향 캐나다 온타리오주

가족관계 4남매 중 첫째(남동생 시온과 여동생 우유&온유). 엄마아빠

종 모카종(포메라니안이라고 생각했던 엄마아빠의 착각과 달리,

포메라니안과 조금 다른 외모를 가졌음.)

좋아하는 음식 잘 구운 스테이크(미디움 레어),

닭고기(채소나 삶은 야채도 편식 없이 엄청 잘 먹음)

취미 사람처럼 행동하기

특기 센 척하기

특이사항 자기가 아주 크고 무서운 사자라고 착각하는 듯,

있는 성질 없는 성질 다 내지만 실속 없는 스타일

별명 밤톨이, 모카씨

우유를 소개합니다

생년월일 2016년 11월 6일

고향 캐나다 온타리오주(라고 쓰지만 사실 시베리아)

가족관계 엄마아빠, 모카오빠, 시온오빠, 여동생 온유

종 사모예드

좋아하는 음식 삶은 달걀, 땅콩버터, 고구마

취미 하울링

특기 만나는 사람마다 아는 척하기,

만나는 모든 강아지들과 인사하기

특이사항 모두가 자기를 예뻐할 거라고 착각함,

세상 모두와 친구가 되고 싶음

별명 흰둥이, ㅜㅠ, ㅜㅠ킴, 솜뭉치, 솜사탕, 흰구름 등등

Instagram @milk_the_samoyed

프롤로그 • 4
모카를 소개합니다 • 6
우유를 소개합니다 • 8

1

우리가 처음 만난 순간

CONTENTS

작은 곰 모카와의 만남 • 14
모두의 사랑은 모카의 것! • 20
이웃 생각도 좀 해주자 • 26
모카우유 교육관 • 32
모카, 우유를 만나다! • 36
서로 다른 모카우유가 어울리는 방법 • 42
흰둥이의 탄생 • 50
우유의 질병 • 58
간식은 셀프! • 64
누렁니를 탈출하자 • 72

2

매일매일 빛나는 모카우유의 하루

나름 바쁜 하루일과 • 80
댕댕이 대가족을 소개합니다 • 88
사람처럼 행동하는 모카 • 94
모카는 8살 • 100
소통의 달견, 모카우유 • 104
아플 때만 "아빠!" • 108
모카, 제2의 부(Boo)가 될 수 있을까? • 116
우리가 셀프 미용을 하게 된 이유 • 122
사모예드 우유의 털 관리 비법 • 128
물이랑 안 친한 우유 • 140

3
우리집은 캐나다예요

강아지는 가족이에요 • 150

복종 훈련을 시키지 않는 이유 • 158

까칠한 갈색 강아지들의 공격 • 164

극과 극, 강아지공원 인싸견과 아싸견 • 170

강아지용품점 나들이는 언제나 즐거워! • 180

나는 시베리아 출신이개 • 186

모카야, 우유야, 캠핑가자! • 194

Trick or treat! 할로윈 파티 • 202

4
함께 가족으로 살아간다는 것은

우리 엄마가 달라졌어요! • 210

매일 우유의 흔적과 치르는 전쟁 • 216

모카와 시온의 돌이킬 수 없는 관계 • 220

나 홀로 집에 • 226

우유는 천사야! • 232

막냇동생이 생겼어요 • 242

동생 껌딱지 우유와 츤데레 모카 • 248

모카에게 • 254

우유에게 • 256

Q&A 모카와 우유에 대한 모든 것! • 258

mocha & milk

1

우리가 처음 만난 순간

작은 곰 모카와의 만남

2011년 10월 22일에 태어난 모카는 2012년 1월 1일, 새해 첫날 선물처럼 우리에게 찾아왔다. 처음 모카를 보자 작은 곰이 떠올랐다. 신기하게도 작디작은 1.3kg 모카의 입에선 커피 향이 났다. 캐나다에서 가장 유명하고 제일 흔한 '팀 홀튼(Tim Horton)'이라는 카페에서 파는 레귤러 커피의 향, 딱 그 냄새였다. 그래서 모카를 집에 데려와 고민할 것도 없이 '모카'라고 이름을 지은 것이다.

당시 학생이면서 신혼이었던 우리 부부는 모든 관심과 열정, 사랑을 모카에게 쏟아부었다. '가슴으로 낳아 지갑으로 기른다'라는 말처럼 모카를 위해서는 뭐든 다 해주고 싶었다. 아내가 집을 비운 날에는 점심시간을 포기하고 학교에서 달려와 모카랑 산책을 가던 기억이 새록새록 떠오른다.

milk

mocha

나른 나른~

Zzz

어렸을 때의 경험은 사람에게든 강아지에게든 중요하다. 꼬마 시절부터 하루에 몇 번이고 틈틈이 산책을 나갔던 덕분인지 모카는 지금도 여유롭게 산책을 즐길 줄 안다. 모카가 산책을 즐기기 시작할 즈음부터는 매일 아침, 점심, 오후, 저녁, 밤 틈날 때마다 모카를 데리고 나갔다. 동네 공원에서 모카와 산책하고 뛰고, 술래잡기를 하는 게 신혼이었던 우리의 데이트 코스였다. 어쩌면 산책 시간에 모카보다 우리 부부가 더 신났던 것인지도 모른다.

모카를 위해 수제 간식부터 강아지 몸에 좋다는 사료를 종류별로 사는 건 기본이었고, 인기 있다는 물건은 해외 배송을 해서라도 사주었다. 강아지 침대와 집도 종류별로 마련해주었지만 그것도 잠시, 모카는 우리 부부와 함께 침대에서 잠들고 함께 일어났다.

그러면서 천천히 깨달았다. 강아지들에겐 좋은 용품, 유명하다는 물건보다 보호자의 사랑이 최고라는 것을. 분명 한 침대에서 자는 게 불편할 텐데 꼭 함께 자고 일어나길 원하는 모카를 보며, 우리가 주었던 사랑보다 더 큰 사랑을 모카에게 받는다는 사실을 말이다. 🐾

from 아빠

모두의 사랑은 모카의 것!

우리 부부가 모카를 데려온 일은 가족들에겐 꽤나 충격이었다. 평소 부모님들은 물론이고, 형제자매들도 반려동물을 키우는 건 엄청난 책임과 희생이 따르는 일이라고 생각을 해왔다. 너무 갑작스러워서 우리가 덜컥 준비도 없이 강아지를 데려왔나 싶었다고 한다. 또 반려동물을 키우는 데 드는 비용도 만만치 않을 텐데, 학생 부부인 우리의 재정 상태를 너무도 잘 아는 가족들은 걱정을 하지 않을 수 없었단다.

하지만 얼마 지나지 않아, 모카의 사랑스러운 모습을 보여주자 언제 걱정했냐는 듯 모두의 심장이 따끈따끈하게 녹아내렸다. 앙앙거리는 목소리, 총총총 걷는 뒷모습, 오독오독 사료를 씹는 소리까지…. 모카를 바라보는 가족들의 눈에서 하트가 뿅뿅 튀어나왔다. 그리고 그런 가족들의 모습에 왠지 모르게 내 마음이 뿌듯해졌다. 내 새끼 예뻐하는데 싫어할 부모가 어디 있을까!

모두가 모카를 찾기 시작했다. 가족들이 다 모인 자리에도, 안부 전화에도 모카 이야기뿐이었다. 나는 모카를 거의 만지지도 못하는 지경에 이르렀다. 모카가 다른 가족들의 품에 안겨 있기 바빴기 때문이다. 그리고 모든 이들의 사랑을 독차지한 모카의 표정은 가관이었다. 자칫 거만해 보이기도 하는, 아주 만족스러운 표정. 나를 찾지 않는 모카에게 내심 서운할 정도였다. 정말 모두의 사랑은 전부 모카의 것이었다.

내 마음속엔 미묘한 감정들이 부글부글 끓어오르기 시작했다. 다

mocha

른 가족들이 모카를 예뻐하는 것이 기쁜 마음 조금, 나를 찾지 않는 모카의 모습에 분한 마음 조금, 그리고 나보다 다른 가족들을 더 좋아하는 듯한 모카를 보며 질투의 마음까지 뒤섞였다.

    시간이 지날수록 모카는 자신에게 여러 명의 엄마아빠가 있다고 생각하는 것 같았다. 지금도 그런 생각을 하며 살고 있는 듯하다. 누구의 무릎이든 자기 것이라고 여기며, 무릎 위에 앉아 잠드는 건 당연한 일인 양 행동하는 모카. 이런 모카가 모두의 마음을 사로잡는 것은 너무나 당연한 일인가?

from 엄마

mocha

모카야,
정신차려!

이웃 생각도 좀 해주자

나는 모카를 많이 사랑한다. 크고 동그란 눈과 적당히 뾰족하게 튀어나온 주둥이, 쫑긋 선 귀가 사랑스럽다. 심지어 털이 다 빠져 볼품없어 보이는 모카의 쥐꼬리조차 내 눈에는 사랑스러워 보인다. 외모뿐만이 아니다. 가끔 앙칼지기는 하지만 따뜻한 마음을 가졌고, 상처도 쉽게 받는 아주 여린 구석이 있는 아이다.

그렇다. 지금까지 다소 뜬금없이 늘어놓은 모카의 칭찬들은 밑밥이었다. 이제부터 대놓고 시작할 모카의 뒷담화를 위한 밑밥.

모카에게는 아주 치명적인 단점이 한 가지 있다. 그것은 바로 너무나 잦은 헛짖음! 모카가 처음 집에 왔을 때만 해도 우리는 모카의 성대에 문제가 있다고 생각했다. '소리를 낼 수 없는 강아지'라고 착각했을 만큼 모카는 너무나 조용한 녀석이었다. 모카가 3개월쯤 되었을 때 문 밖으로 지나가는 사람을 보고 처음 짖은 날은 잊을 수 없을 정도다. 그때 앙앙 짖는 모카의 모습이 어찌나 예뻐 보이던지. 앞으로 제발 계속 짖어달라고 짖을 때마다 칭찬을 아끼지 않았다. 그러지 말았어야 했다. 실수였다.

어릴 적의 가늘고 앙증맞던 모카의 목소리는 나이가 들고 몸집이 커질수록 걸걸해졌다. 울림통도 좋아져 요즘은 모카가 짖을 때마다 고막에서 피가 날 것 같다. 밥 달라고 짖어, 간식 달라고 짖어, 산책 가자고 짖어, 조그맣게 '쿵' 소리가 났다고 짖어, 짖지 말라고 째려본다고 짖어, 너무 시끄러워서 방에 가둬놨다고 짖어, 손님이 왔다고 짖어, 지나가는 강아지를 봤다고 짖어…. 하루 종일 짖는다. 짖을수록 모카의 성대는 훈련이 되는지 더욱 우렁차게 짖는 것 같다.

모카의 헛짖음 문제는 거기서 그치지 않았다. 헛짖음이 적기로 유명한 사모예드 우유가 모카를 보며 자란 것이다. 모카가 짖기 시작하면 우유도 가세한다. 체격이 큰 우유는 모카와 울림통 자체가 다르다. 우유가 컹!! 하고 짖으면 그 소리가 발끝부터 정수리까지 타고 올라온다.

우리 가족은 모카가 짖는 건 참을 수 있다. 우유가 따라 짖는 것도 괴롭지만 그럭저럭 괜찮다. 하지만 모카의 잦은 헛짖음과 우유의 남다른 울림통에서 샘솟는 소리가 너무 자주 콜라보를 이뤄, 요즘은 주변에 피해를 줄까봐 걱정이다. 이러다 이웃집에서 쫓아올 판이다. 모카야, 조금만 덜 짖어주면 안 되겠니? 🐾

from 아빠

헤헤~

짖는 게 제일 재미쩌!

혼자 짖으면 저만 혼나니까
동생에게 짖는 방법을 가르쳐주는 모카야,
조금만 살살 짖어주는 건 어떨까?

milk

모카우유 교육관

모카우유의 유튜브 채널을 시작하며 가장 많이 받았던 질문 중 하나가 바로 아이들의 교육에 관한 질문이었다. 나는 기본적인 예절 교육('앉아', '기다려') 이외에 필요하지 않다고 생각하는 교육은 굳이 시키지 않는다. 따로 교육시키지 않아도 눈치껏 내 말을 알아들으며 행동하는 아이들의 모습을 발견하기 때문이다.

예를 들어 나는 매일 저녁에 잘 시간이 되면 "모카야, 우유야, 이제 가서 자자"라는 말을 한 뒤 방에 들어간다. 처음에는 무슨 말인지 알아듣지를 못해 가만히 있지만 며칠 동안 같은 말과 행동을 반복하면 어느샌가 아이들이 먼저 앞장서서 방으로 들어간다. 그러고는 각자의 잠자리에 자리를 잡고 잠을 잘 준비를 한다.

mocha

우유는
간식 먹고
싶어요 ㅠㅠ

딱히 교육이라기보다는 말이 통하지 않는 동물끼리 서로 적응해가며 살아가는 느낌이다. 말을 듣지 않는다고 화를 내거나 조급해하는 대신 '언젠가는 알아듣겠지'라는 마음이면 된다. 그렇게 여유를 가지고 꾸준히 말과 행동을 반복해서 보여주면 아이들도 내가 무엇을 원하는지 알아들으려고 노력하는 모습을 보인다.

어쩌면 우리가 인내심을 가지고 교육하는 것보다 모카와 우유가 우리와 함께 살아가기 위해 몇 배는 더 노력하고 있는지도 모른다. 그렇기 때문에 우리가 해야 할 일은 믿고 기다리며 꾸준히 노력하는 일밖에 없다.

from 엄마

모카, 우유를 만나다!

우유를 처음 만나러 토론토 근교로 가던 날, 우리 부부와 시온이 그리고 모카까지 가족 모두가 두근대는 마음이었다. 집 앞에 도착해서 다 같이 우유를 만나려고 했는데 다른 강아지의 출입은 금지였다. 아쉽게도 모카는 차 안에서 기다리고 있기로 했다.

우유를 데려오는 절차를 마치고 서둘러 모카에게 갔다. 조그만 이동장에 갇혀 있는 우유를 본 모카는 '요 아이는 누구지?'라고 말하는 듯 어리둥절해하며 냄새를 맡았다. 우유도 모카와 인사를 하고 싶었는지 계속 낑낑거려서 잠깐 이동장을 열어주었다. 우유는 반갑다며 꼬리를 마구 흔들면서 조금은 부담스럽게 인사를 건넸다. 그때부터 시작된 걸까? 모카와 우유의 틀어진 관계가.

우유는 집에 도착하자마자 모카에게 함께 놀자고 성큼성큼 다가갔다. 하지만 너무 빨리 다가오는 우유가 부담스러웠는지 모카는 자리를 피했고, 그래도 계속해서 우유가 다가오자 괴롭힘으로 받아들였던 것 같다. 결국 모카가 화를 참지 못하고 왕왕 짖으며 화를 냈다. 아직 어린 우유는 그런 모카의 강아지 언어를 이해하지 못했는지 계속 다가갔고, 모카는 우유에게 화를 내고…. 그렇게 악순환은 밤새 되풀이되었다.

나 잡아봐라~~

모카가 너무 스트레스를 받자 우리 부부는 우유가 다가가지 못하도록 철벽 방어를 했다. 집에서는 물론이고, 밖으로 외출할 때도 따로 데리고 다녔다. 각자 편하게 먹고, 놀고, 쉬고, 산책하고. 그렇게 각자의 시간이 늘면서부터 모카와 우유의 관계가 많이 호전되었다.

　　다행스럽게 우유가 성장하며 상황은 더 나아졌다. 다른 강아지들을 만나며 사회성도 키우고 강아지 언어와 표현법을 배워나가며 자연스럽게 모카를 괴롭히는 일이 서서히 줄어들었다. 물론 요즘도 가끔 우유는 심심할 때 아끼는 인형을 모카에게 가져다주며 놀자고 괴롭힌다. 모카도 이젠 많이 내려놓았는지 전처럼 과민반응하지 않고 으르렁거리며 자리를 피하는 정도로만 우유를 상대해준다.

　　우유가 집에 오면서 모카가 가장 적응하기 힘들었을 것이다. 모카 입장에서는 네 식구가 행복하게 잘살고 있었는데 아무런 예고 없이 동생, 그것도 자기를 마구 괴롭히는 녀석이 떡하니 나타났으니 말이다. 안 그래도 오래 외동으로 자라 사회성이 부족했던 모카에게 우유는 부담스러운 존재임과 동시에 자신의 구역을 침범한 낯선 댕댕이로 보였겠지. 새삼 모카에게 미안하고 고맙다. 🐾

from 아빠

대견스러운 우리 모카,
우유를 잘 받아줘서 고마워!

서로 다른 모카우유가 어울리는 방법

첫 만남 때부터 서로 달라도 너무 달랐던 모카와 우유. 둘의 성격이 어쩌면 서로에게 오히려 더 좋은 결과를 이끌어냈는지도 모르겠다는 생각이 문득 든다.

우유가 어렸을 적, 그러니까 모카보다 작던 시절이 잠깐 있었는데 그 작은 몸에서 얼마나 많은 에너지를 뿜어내는지 놀라울 정도였다. 그렇게 넘치는 우유의 에너지를 감당하지 못하는 모카를 보고 있자니 너무나 안쓰럽고 미안했다. 그래서 결국 우유가 흥분을 가라앉힐 때까지 둘을 분리시키는 방법을 썼다.

넘치는 우유의 에너지는 밥 앞에서도 마찬가지. 밥은 또 어찌나 빨리 먹는지 자기 밥그릇을 30초 만에 뚝딱 비우고, 모카가 밥 먹는 곳에 다가가 괜히 기웃거린다. 그런 우유의 행동에 모카가 불편해하는 게 보여서 나중에는 밥도 따로 따로 주는 방식으로 바꿨다.

산책을 다닐 때도 우유는 에너지를 주체하지 못한다. 경주마처럼 오직 앞만 보며 달리는 우유에 반해 모카는 여유롭게 나무 하나하나에 장인 정신을 담아 정성스럽게 오줌을 눈다. 그래서 결국 산책도 모카와 우유는 따로 다니게 되었다.

mocha

MOCHA & MILK

오빠, 나랑 놀자아!

mocha

그렇게 각자의 시간을 가지며 분리된 생활을 할 수 있게 했다. 우리가 모카와 우유에게 해줄 수 있는 최선의 방법이었기 때문이다. 그래서 그런 걸까? 시간이 지나자 모카와 우유는 한 공간에 있어도 서로 있는 둥 없는 둥 했다. 서로를 괴롭히지 않으며 지내기 시작한 것이다. 우유의 얼굴만 마주쳐도 다른 곳으로 피하거나 으르렁거리던 모카의 태도도 조금 누그러졌다. '저 흰둥이는 내 삶과 상관없는 아이야'라는 듯 불편한 모습을 보이지 않았다.

나중에 우연히 '개통령'으로 불리는 강형욱 훈련사의 영상을 보았다. 가장 이상적인 다견 가정은 강아지들이 각자 자신의 시간을 충분히 가지고, 서로의 존재로 인해 스트레스를 받지 않는 모습을 하고 있다는 내용이었다. 그 말을 들으니 '우리집은 우연히 그렇게 되었지만 잘하고 있는 거구나' 하는 생각에 내심 뿌듯했다.

지금도 역시 모카와 우유는 서로의 시간을 존중해주며 평화로운 가정을 영위하는 데 일조하고 있다. 물론 가끔, 아니 사실은 자주 가끔 평화가 깨질 때가 있긴 하다. 우유가 모카에게 놀자며 다가가고, 모카는 앙칼지게 거절하고. 그래도 밥이나 간식을 먹을 때, 산책을 갈 때 우유가 안 보이면 우유를 부르며 나름 츤데레처럼 살뜰히 챙겨주는 멋진 모카! 앞으로도 서로 그렇게 사이좋게 잘 지내줬으면 좋겠다. 🐾

from 아빠

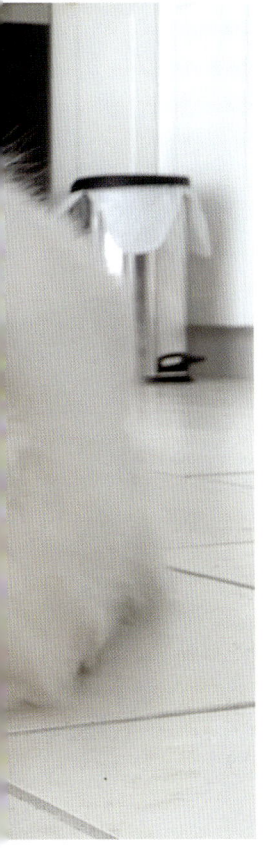

모카우유 TIP

강아지 훈련사들이 이미 많이 이야기했지만 저희 집의 경우처럼 다견 가정에서 함께 있는 상황에 스트레스를 받는 아이들은 각자의 공간을 만들어주고 따로 생활하게 해주세요. 자신만의 공간에서 편히 지내야 가끔 마주치는 상대 강아지에게 덜 공격적으로 행동하고 덜 불쾌한 인상을 가지니까요.

밥을 따로 먹게 해주고 가능하면 산책도 따로 시켜주세요. 밥을 먹는 상황을 예로 들어볼게요. 싫은 사람과 밥 먹는 상황을 떠올려보세요. 사람에게도 괴로운 일이잖아요. 강아지들도 마찬가지입니다. '쟤가 내 밥을 뺏어먹으면 어쩌지?', '밥 먹는데 쟤가 쳐다보는 게 너무 거슬려!' 같은 생각을 하게 되면, 상대 강아지에게 더욱 안 좋은 인상을 가지게 되는 것 같아요. 사람들도 너무 안 맞는 사이는 최대한 서로 안 보는 편이 좋은 것처럼요.

흰둥이의 탄생

우유가 집에 온 날이 새록새록 떠오른다. 우유는 의외의 모습으로 모두를 당황시켰다. 태어난 지 8주밖에 되지 않은 녀석이 새로 만난 가족들을 경계하거나 무서워하기는커녕 전혀 낯설어하지 않았다. 오히려 우유는 모든 걸 신기해하며 호기심에 가득 차 여기저기 탐색하고 폴짝폴짝 뛰어다녔다. 엄마 배 속에서부터 인싸였나보다.

당황스러웠다. 모카는 처음 집에 왔을 때 낯설고 두려웠는지 새벽 내내 낑낑거리며 우는 소리를 냈기 때문이다. 그래서 밤새 모카를 안고 쓰다듬어주었던 기억이 난다. 그에 비해 우유는 모카가 뛰면 뒤에서 같이 뛰고, 처음 본 우리와 침대 위에 눕고… 꼭 오랜 시간 함께 지내온 듯 행동했다. 당시에는 당황스러웠지만 그런 우유의 모습을 지금에 와서

milk

mocha

생각하면 놀랄 일도 아니다. 우유의 천방지축, 인싸력은 타고난 것 같다. 또 워낙 친화력이 좋아서 우유가 집에 왔을 때 만 2살이던 시온이와도 금세 잘 어울려 놀았다. 그래서인지 아직도 시온이는 "우유가 모카형보다 조금 더 좋아"라고 한다.

아가 시절의 '흰둥이' 우유는 눈도 지금보다 더 작고 처졌으며, 늘 '나는 아무것도 몰라요'라는 표정으로 돌아다녔다. 포실포실한 하얀 털뭉치가 웅크려 누우면 정말 만화 〈짱구는 못말려〉에 나오는 흰둥이의 모습과 비슷할 정도로 귀여워서 심장이 아팠다.

지금도 우유는 순진난만한(순진한+천진난만한) 표정을 하고 있다. 보통 강아지 나이로 3살이면 세상의 힘듦과 쓴맛을 맛볼 만큼 맛보기에 그 견생살이의 녹록하지 않음이 표정에 드러나기 마련인데… '댕청하다'라는 단어는 우유를 보고 만든 게 아닌가 싶다. 🐾

from 엄마

나는 아무것도 몰라요

milk

혹시라도 시간이 흘러

우유의 얼굴에서 댕청함이 사라진다면
너무 아쉽고 슬플 것 같다는 생각이 종종 든다.

우유의 질병

2017년 1월, 우유와 함께 살기 시작하고 얼마 뒤 우리 부부는 특이한 점을 발견하게 되었다. 다름 아닌 우유의 야뇨증(밤에 자면서 소변을 누는 증상) 문제였다. 생후 8주밖에 안 된 작은 우유는 매번 자다가 오줌을 쌌다. 배변 훈련이 되지 않은 아기이고, 방광의 크기도 작으니까 시도 때도 없이 오줌을 싸기는 했었다. 하지만 자면서도 오줌을 싸는 우유가 참 특이하다고 여겼다. 모카가 어릴 적엔 한 번도 못 봤던 모습에 당황스러웠다.

처음 몇 번은 '소변이 많이 마려웠나보다' 정도로만 생각했다. 오줌 범벅으로 곤히 자고 있는 우유를 깨워 깨끗이 씻기고 말려서 다시 재우는 일이 반복됐다. '단순한 실수'로 끝날 것이라는 나의 착각과 달리, 우

쿨쿨~

유는 잘 때마다 오줌을 쌌다. 그것도 어마어마한 양을. 우유가 잠들기 전 배변 패드에 대소변을 싸게 했는데도 잘 때마다 실수를 하는 우유의 모습에 서서히 걱정이 되기 시작했다.

그래서 우유를 데리고 동물병원을 찾았다. 우유의 증상을 들은 수의사가 "방광 근육이 다른 강아지들에 비해 약하고 덜 발달해, 소변을 참기 힘들어하는 것 같다"라고 했다. 조금 더 정밀한 검사를 해본 뒤 증상이 계속되면 우유의 방광을 수술하자는 수의사의 말에 충격을 받았다. 검사나 수술 비용보다 걱정되었던 건 8주짜리, 내 손의 두 뼘밖에 안 되는 작은 우유가 위험한 수술을 받아야 한다는 사실이었다.

아내와 며칠을 고민한 끝에 수술을 하지 말자는 결정을 내렸다. 우

mocha

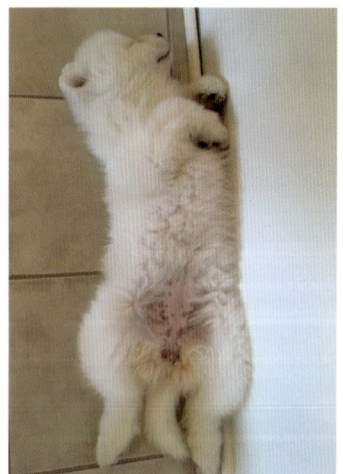

유의 건강에 큰 문제가 되는 증상이 아니라면 어린 우유의 몸에 부담을 주지 말자고 의견을 모았다. 혹여나 우유의 방광 근육에 정말 문제가 있어서, 우유가 평생을 오줌싸개로 살아야 한다면 그렇게 살도록 하자고 결정했다. 우리가 매번 치워주는 수고쯤은 충분히 감당할 수 있다고 생각했기 때문이다.

    그 결정 이후, 우리 부부는 우유를 재울 때마다 항상 깨끗한 배변 패드를 깔아주고, 거기에서 편안히 잘 수 있도록 해주었다. 산책도 더 자주 나갔다. 우유가 어디든 눈치보지 않고, 불편하지 않게 마음껏 대소변을 볼 수 있게 해주고 싶었다. 그렇게 몇 달이 지나고 다행스럽게 서서히 자면서 오줌을 싸는 일이 줄었다. 우유의 방광 근육도 수술할 정도로 심

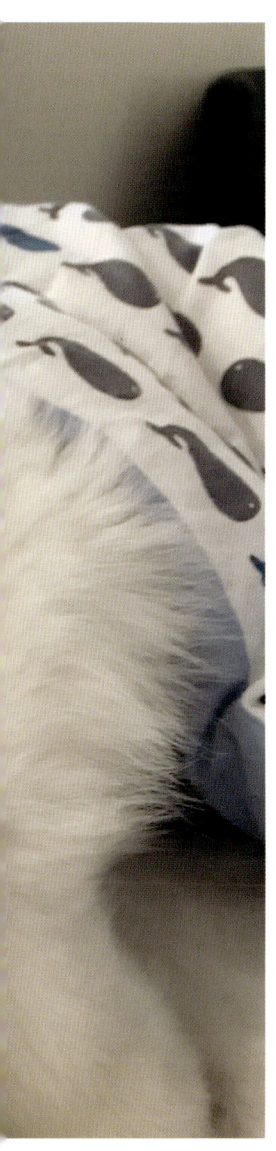

각한 상태가 아니었고 점차 커가면서 야뇨증은 사라졌다.

사실 완전히 나은 것은 아니다. 요즘도 우유가 밖에서 열심히 뛰어놀거나 강아지공원에서 오랫동안 놀다가 집에 돌아오면 오줌이 조금 새기도 한다. 하지만 예전처럼 자면서 많은 양의 오줌을 싸지는 않는다.

아직 완벽하게 오줌싸개에서 벗어났다고 할 수는 없지만 어릴 적에 비하면 우유는 많이 좋아진 상태다. 우유가 앞으로 더 나아지길 바라지만 '그래, 흘린 오줌은 깨끗이 닦기만 하면 되지' 하는 생각엔 변함이 없다. 🐾

from 아빠

milk

간식은 셀프!

어릴 적 우유는 멍청하고 귀여운 모습을 보여준 만큼이나 사고를 쳐서 경악하게 만든 순간도 많았다. 방금 배변 패드에 볼일을 보았는데 불과 몇 분 뒤에 카펫이나 이불에 오줌을 싸고 다니는 건 기본이었고, 심지어는 자면서 오줌을 싸기도 했으니까.

오줌싸개 우유는 거기서 멈추지 않았다. 우유는 똥을 먹었다. 어느 날 우유가 웬일로 조용히 혼자만의 시간을 보내는 게 아닌가? 매사에 천방지축인 우유가 조용하게 있는 것이 대견스럽기도 하고, 무엇을 하나 궁금해져서 슬쩍 다가갔다. 쩝쩝 소리를 내는 우유의 뒷모습이 너무나 신나 보였다.

"우유야, 뭘 그렇게 맛있게 먹어?"

맙소사! 우유가 방금 싼 따끈따끈한 똥을 맛있게 먹고 있었다. 우유는 쩝쩝거리다 말고 해맑게 웃으며 나를 보고 있었다. 꼭 '옴마, 나 맛있는 거 알아서 잘 챙겨 먹고 있어~'라는 듯 말이다. 정말 그 장면만큼 충격인 모습을 평생 본 적이 없었다.

그렇다고 아무것도 모르는 아기 우유를 혼낼 수는 없고, 혼낸다고 알아들을 리 없기에 강아지가 똥을 먹는 이유에 대해 폭풍 검색을 했다. 수많은 이유가 있지만 그중 가장 대표적인 이유가 눈을 잡아끌었다. 어미 개가 주변을 깨끗하게 청소하기 위해 새끼의 대소변을 먹는다는 것이다. 우유가 우유엄마의 행동을 보고 배웠을 가능성이 있다는 생각이 들었다. 그러나 이유는 이유이고, 그것과 별개로 똥을 먹는 행동은 바람직하지 않다.

우유가 똥을 먹지 못하게 하기 위해 여러 가지 방법을 동원했다. 강아지들은 시큼한 냄새를 싫어한다고 하길래 우유가 똥을 쌀 때까지 기다렸다가 갓 나온 똥 위에 식초나 레몬즙을 뿌렸다. 때론 핫소스를 뿌리기도 했다. 그리고 우유의 반응을 살폈는데 우유는 전혀 개의치 않고 그 시큼하고 매운 똥을 먹어치웠다. 우리의 힘만으로는 안 되겠다 싶어 병원에서 약을 처방받아 먹여봤지만 똥 먹는 습관은 고쳐지지 않았다. 그땐 정말 큰일이 났구나 싶었다.

다행히도 시간이 지나며 점차 희망이 보이기 시작한 때가 있었다.

우유가 야외 배변을 시작할 때였다. 우유의 몸집이 조금씩 커지면서 대소변을 참을 수 있는 시간이 길어지니 상황은 변했다. 차츰 밖에서 대소변을 해결하고 집 안에서는 대소변을 보지 않았다. 집은 편안히 쉬고 밥 먹으며 노는 곳이라는 것을 인지하면서 실내에선 실수하는 횟수가 줄어든 것이다. 그리고 집 밖에서 배변할 때 우유가 똥에 입을 대기 전 바로 치워주는 행동을 반복했다. 그렇게 천만다행으로 우유의 셀프 간식 타임은 종료되었다. 🐾

from 엄마

똥 먹으려고
숨은 거 아니에요

모카우유 TIP

저희 집의 야외 배변 팁은 정해진 시간에 맞춰 자주 아이들을 데리고 나가는 것입니다. 마냥 대소변을 참게 하면 아이들도 분명 힘들 것이고, 실내에 대소변을 보는 실수도 하게 될 거예요.

처음 야외 배변을 시작했을 당시 우유는 3개월 정도였는데 30분에 한 번씩 집 밖으로 나가서 배변을 하게 했어요. 특히 밥을 먹은 직후나 집에서 신나게 놀아준 다음에는 바로 밖으로 나갔어요. 야외에서 배변하면 칭찬을 해가며 간식을 줘서 야외에서 배변하는 일이 좋은 것이라는 경험을 쌓도록 했습니다.

우유의 몸집이 점점 커지면서 야외 배변을 하러 나가는 시간 간격을 점차 늘렸습니다. 지금은 아침에 일어나자마자 산책을 나가 5분에서 10분 정도 집 주변을 천천히 걸으며 자연스럽게 배변하는 시간을 갖습니다. 그리고 오전과 오후에 한 번씩 더 짧게 산책을 하고, 자기 전 밤늦게 마지막으로 밖에 나가 배변을 해요.

모카와 우유가 배탈이 나거나 컨디션이 안 좋을 땐 평소의 배변 일정을 지킬 수 없어요. 배변을 하고 싶을 때 아이들이 나가자고 문 앞에서 기다리거나 저에게 눈빛으로 신호를 보냅니다. 오랜 시간 같이 지내다보니 신기하게 눈빛만 봐도 아이들에게 필요한 것이 무엇인지 알아차릴 수 있어요.

milk

누렁니를 탈출하자

우유가 집에 온 이후 가장 신경 써서 관리를 해주는 부분이 바로 이빨이다. 첫째인 모카의 이빨을 드문드문 닦아주었던 것이 독이 되어, 모카는 치석 제거를 위해 전신 마취까지 했다. 허술한 이빨 관리가 몸에 부담이 가는 큰 시술로 이어졌기 때문에 다시는 그런 일을 되풀이하기 싫어, 열심히 우유의 이빨을 관리해주고 있다.

우유에게 이빨 닦기에 대한 좋은 인식을 심어주기 위해 우리 부부는 계획적으로 접근했다. 첫 단계는 칫솔을 보여주고 간식을 주기. 칫솔을 꺼낼 때마다 간식을 주니 우유는 자연스럽게 칫솔만 보면 웃으며 달려왔다. 두 번째 단계는 이빨을 만지는 데 거부감이 들지 않도록 손가락, 마른 수건, 칫솔을 순서대로 사용해 차근차근 칫솔질에 적응시키기. 그

과정을 통해 칫솔질에 거부감을 보이지 않게 되자 치약을 사용하는 마지막 단계로 넘어갔다. 치약은 장애물이 되지 않았다. 시중에 파는 대부분의 치약이 땅콩버터맛이나 베이컨맛 등 강아지들이 좋아하는 맛으로 만들어져 있기 때문이다.

그렇게 우유는 아주 자연스럽고 간단하게 이빨 닦기에 적응했다. 우유는 이빨 닦는 것을 너무나 좋아한다. 매일 밤 자기 전, 화장실 앞에 앉아 이빨을 닦아줄 때까지 기다린다. 그 모습이 어찌나 귀여운지! 아무래도 우유는 이빨 닦는 시간을 자기 전에 갖는 마지막 간식 시간으로 생각하는 것 같다.

우유의 이빨 관리는 순조롭게 진행되고 있었다. 그런데 항상 계획은 마음먹은 대로 되지 않는 법이다. 우유가 몰래 똥을 먹기 시작했을 때 먹어치운 흔적을 치우는 데만 급급했던 우리는 차마 우유의 이빨 상태까지 세심하게 체크하지 못했던 것이다. 물론 입에서 똥냄새를 풍기며 돌아다녔기에 똥 먹은 우유를 발견하자마자 이빨을 닦아주기는 했지만 늘 한발 늦었다.

똥을 먹는 횟수가 쌓여서 그랬을까, 점점 우유의 이빨에는 아주 얇은 똥색 치석이 쌓여가고 있었다. 아주 똥을 입안에 굴려가며 음미했는지 구석구석 골고루 치석이 쌓여갔다. 이미 쌓인 치석은 아무리 매일 이빨을 닦아도 떨어질 기미가 보이지 않았다. 매일 밤 몰래 먹는 똥에 점점

치카
치카!

mocha

milk

더 두꺼워질 뿐 다시 예전의 하얀 치아로 돌아가기는 늦은 것 같다는 무서운 생각이 들었다. 다행히 우유가 이제 똥을 끊어서 더 이상 치석이 쌓이진 않는다. 하지만 해맑게 웃는 우유의 미소 뒤에 숨겨진 누렁니를 볼 때마다 한숨만 푹푹 나온다.

    엄마아빠의 썩어 문드러지는 마음도 모르고 우유는 오늘도 해맑게 웃으며 이빨을 닦아달라고 화장실 앞에 앉아 있다. 아무래도 조만간 우유도 모카처럼 치석 제거를 위해 동물병원을 방문해야 할 것 같다. 🐾

from 엄마

모카우유 TIP

양치질은 아주 중요해요. 이빨을 닦아주지 않으면 잇몸 근처에 치석이 쌓입니다. 그러면 잇몸에 염증이 생기기도 하고, 이빨 전체가 누렇게 변하기도 해요.

한 번 생긴 치석은 양치질만으로는 없애기 힘들 수 있어요. 스케일링하듯 치석을 긁어내야 하는데, 집에서 치석을 제거하긴 참 어려워요. 그래서 보통 동물병원에 가서 마취를 한 뒤 스케일링을 받아요. 문제는 마취 부작용이에요. 강아지들은 체구가 작아서 자칫 위험해질 수 있어요. 확률은 낮지만 마취에서 못 깨어날 수도, 죽을 수도 있답니다.

그러니 꼭 어릴 적부터 차근차근 단계별로, 틈 나는 대로 이빨 닦기 훈련을 해주는 게 좋아요. 어렸을 때부터 양치에 익숙해진 아이들은 커서도 양치를 잘 한답니다. 양치 후에는 좋아하는 간식을 주거나 평소보다 더 열렬하게 칭찬을 해서, '이빨을 닦는다 = 좋은 일이 생긴다'라는 인식을 심어주세요. 그러면 양치를 거부하거나 피하는 일이 줄어들고 잘 적응할 거예요.

mocha & milk

2

매일매일 빛나는 모카우유의 하루

나름 바쁜 하루일과

AM 7:30

우리집의 하루는 아침 산책으로 시작한다. 아침 일찍부터 모카와 우유는 동네를 여유 있게 한 바퀴 돌며 밤새 묵혀놓았던 대소변을 해결한다. 현관을 나서자마자 앞마당으로 달려가 참았던 소변을 시원하게 본다. 그리고 나서야 산책이 시작된다(모닝똥은 천천히 해결하는 편).

모카와 우유는 서로 선호하는 산책 스타일이 극과 극이다. 호기심 많은 우유는 빨리빨리! 산책 중인 다른 강아지들이나 지나가는 사람들이 사라지기 전에 뛰듯이 다가간다. 얼른 인사를 하고 싶은 마음이 앞서나보다. 그래서 언제나 우유의 리드줄은 팽팽하게 당겨져 있다. 그에 반해 모카는 느긋하다. 동네에 피어 있는 모든 꽃, 싱그러운 풀과 나무, 다른 집의 울타리까지 하나하나 느긋하게 냄새를 맡고 마킹하는 걸 좋아한다. 전생에 양반이었나봐!

mocha

AM 9:00

아침 산책을 마치고 집으로 돌아오면 모카와 우유는 물을 마시며 한숨을 돌린다. 여유롭게 소파에 앉아 쉬는 모카 어르신 옆엔 아직도 에너지가 넘치는 우유가 장난감을 물어뜯는 중. 혼자 입으로 골프공을 던져가며 놀기도 한다.

AM 11:00

그렇게 아침이 지나가고, 오전 11시쯤이 되면 기다리고 기다리던 아점 시간! 최근엔 모카와 우유의 밥을 사료에서 생식으로 바꿨다. 아이들이 더 맛있게 먹고 활기차 보여서, 밥을 줄 때마다 잘 바꿨다는 생각이 든다.

PM 2:00~

밥도 먹었겠다 이제 배 뚜드리며 쉬는 시간을 보낼 차례. 낮잠을 자기도 하고 엄마아빠를 졸졸 따라다니기도 한다. 그렇게 모카우유의 평범한 오후가 흘러간다. 날씨가 좋은 날에는 집에만 있으면 안 되지! 그런 날에는 강아지공원에 가서 친구들과 신나게 뛰어 논다. 그러

mocha

다 간식이 떨어지면 간식거리를 사러 함께 강아지용품점에 가기도 한다. 그날그날의 상황에 따라 우리는 나름 바쁘게 일정을 짜며 시간을 보낸다.

PM 5:00

오후엔 모카와 우유가 제일 싫어하는 일과가 있다. 바로 빗질 타임! 몸집이 작아서 빗질이 금방 끝나는 모카에 비해, 흰구름처럼 뽀송뽀송한 털이 몇 배나 더 많은 우유에겐 정말 참기 힘든 시간이다. 빗질하는 시간이 오래 걸리는 우유에겐 분명 불공평하게 느껴질 것 같다.

milk

PM 7:30

저녁 먹기 전에 다시 한 번 산책을 다녀온다. 짧게 산책을 하고 돌아오면 또 즐거운 저녁 시간이다. 몇 분 만에 저녁을 호로록 먹어치우는 모카와 우유. 하루가 벌써 끝나간다. 간식이 부족하다며 엄마아빠의 간식까지 뺏어 먹으려고 침을 뚝뚝 흘리는 우유와 안 주면 눈으로 욕하기 시작하는 모카는 오늘도 귀엽다.

mocha

내일도 똑같이 반복될 평범한 하루지만 매일매일 최선을 다해 살아가는 모카와 우유. 아이들의 나름 바쁜 하루일과 끝.

from 엄마

댕댕이 대가족을 소개합니다

이전에도 얘기했지만 모카는 온 가족의 사랑을 독차지했다. 그 사랑이 넘치고 흘러, 모카가 거만해지는 정도가 되었다. 그러나 모카천하는 그리 오래 가지 못했으니….

모카가 1살이 될 때쯤의 일이다. 장모님이 모카를 너무 예뻐하셔서 포메라니안 강아지를 데려오기로 결정하셨다. 이름은 사랑이. 작고 귀여운 체구, 초콜릿 머핀이 떠오르는 풍성한 갈색 털의 사랑이는 앙증맞은 외모에 비해 아주 거침없는 성격의 소유견이다.

처음 모카를 만나던 날, 훨씬 덩치가 큰 모카를 무서워할 법도 한데 사랑이는 활짝 날개를 펼친 날다람쥐처럼 날아다녔다. 날아다녔다는 표현 말고는 달리 표현할 말이 없다. 사랑이는 콩알만큼 작은 앞발 두 개를

높이 들어올리며 기선 제압을 했다. 그리고 믿기 힘들지만 모카는 패배했다. 지금도 모카는 자기 몸의 반도 안 되는 조그만 사랑이를 만나면 찍 소리도 못한다.

그 다음으론 쿠키라는 친구가 있다. 쿠키는 처형과 함께 산다. 처형도 모카를 무척이나 예뻐했다. 그러다 처형이 캐나다에서 미국으로 이사를 가면서 한동안 모카를 못 보게 되었다. 그때 처형은 매일 모카의 사진을 보며 그리워했다고 한다. 그렇게 모카를 그리워하다 결국 모카를 닮은 포메라니안 강아지를 데려왔고, 쿠키라는 이름을 지어주었단다.

쿠키는 여우 같이 작은 얼굴에, 웰시코기처럼 갓 구운 식빵처럼 포동포동한 뒷모습을 가졌다. 허당 끼가 넘치는 쿠키는 간식을 숨기는 습

관이 있는데, 책장 속은 가장 사랑하는 비밀 장소다. 그런데 너무 꼭꼭 숨겨서 정작 먹고 싶을 땐 간식을 다시 빼오지 못하고 한참을 책장만 바라보고 앉아 있기도 하는 귀여운 녀석이다.

댕댕이 가족의 막둥이 루비. 사랑이의 친자매다. 루비는 사랑이와 함께 태어났다. 장모님이 사랑이를 데려올 때 그 주인이 루비를 키울 것이라고 했단다. 하지만 루비는 아주 좁고 작은 케이지에 매일 몇 시간씩 가둬지며 열악한 환경 속에서 컸고, 그 사실을 뒤늦게 알게 되었다고 한다. 1년 사이에 등이 굽고 비듬으로 뒤덮인 루비의 모습을 본 장모님은 곧바로 루비를 데려오셨다.

처음엔 강아지 밥그릇에 사료를 담아주면 그릇이 무서워 먹지 못할 정도로 기가 푹 죽어 있었다던 루비. 맨바닥에 사료를 주면 그제야 먹었다고 한다. 얼마나 천대받고 살았을까 생각하면 마음이 좋지 않다. 그래도 장모님의 정성 어린 보살핌으로 지금은 아주 건강히 지내고 있다. 루비가 우리 댕댕이 가족이 되어 얼마나 다행인지 모른다. 🐾

from 아빠

\ 누가누가 모카일까~ /

milk

\ 맞혀보시개 /

mocha

mocha

모카야, 솔직히 말해봐.
너 견생 1회차 아니지?

모카는 8살

mocha

　모카를 처음 만난 날이 선명하다. 아주 작고 보들보들한 갈색 아기 곰이 내 두 손 위에 올라왔던 순간. 나는 그 순간부터 모카를 사랑하기 시작했다. 사랑할 수밖에 없었다고 생각한다. 모카가 하품을 하면 따듯한 커피 향이 났고, 앙앙 짖는 목소리마저 귀여웠다. 모카가 총총총 걸어가는 뒷모습을 보면 너무 귀여워 궁둥이를 쓰담쓰담하고 싶은 마음을 꾹 참고는 했다. 어린 모카에 대한 추억들을 떠올리면 웃음이 나고, 다시 아가인 모카를 만나고 싶다는 생각도 든다. 그때로 돌아가면 모카에게 최선을 다했다고 자부했던 그 시간보다 더 잘해주겠다는 다짐을 하게 된다.

　함께 산 지 8년이 지난 지금, 모카는 참 많이 변했다. 풍성하던 털이 듬성듬성해졌고 진한 갈색 빛이던 모카의 얼굴에 흰 털들이 조금씩 차올

랐다. 입과 눈 주변에 흰 털이 가득한 모카를 보면 가슴이 찡하다. 인형들을 여기저기에 놓아두고, 사냥개처럼 물어뜯던 모카의 에너지도 많이 수그러들었다. 이제는 누워서 쉬는 것을 좋아하고 새로운 인형을 선물해줘도 심드렁하게 반응한다. 그런 모카의 모습에 우리가 함께해온 세월을 실감하게 된다.

    매년 모카의 건강 검진을 받으러 갈 때마다 조마조마한 마음을 안고 진료실로 들어간다. 혹시 건강에 무슨 문제가 생긴 건 아닐까, 수술을 받아야 하는 건 아닐까 등 수많은 걱정에 사로잡힌다. 가장 큰 걱정은 슬개골이다. 포메라니안이라는 종의 특성상 슬개골이 약해 자칫 잘못하면 뒷다리를 수술해야 할지도 모른다는 말을 매년 듣는다. 너무 감사하게

mocha

도 모카는 8살이나 됐지만 슬개골 수술을 받지 않아도 될 것 같다는 수의사의 말에 안도의 한숨을 내쉰다. 이번 검진에서도 특별히 건강상의 문제가 없다는 말을 듣고 기쁜 마음으로 집으로 돌아왔다. 강아지 나이 8살이면 사람 나이로 50대라는데, 크게 아픈 곳 없이 밥도 잘 먹고 산책도 잘 가는 모카에게 참 고맙다.

    매년 찾아오는 모카의 생일이 이제 더는 반갑지 않다. 8년이란 시간이 이렇게 빨리 흘러갔으니 말이다. 앞으로의 시간들도 얼마나 더 빨리 흘러가버릴까 생각하면 마음이 미어진다. 더 오래오래 건강하게 모카와 살고 싶다는 생각과 함께 나이 들어가는 모카의 미래를 떠올리면 슬프기도 하다. 나의 아가, 너는 나보다 빠르게 나이가 들어 이제는 나보다 어른이 되었구나.

    8살이 되고 앞니가 빠져도 엄마아빠에게는 평생 아가인 모카. 낯선 사람이 보기엔 까칠하고 성깔 있어 보인다고 하지만 엄마아빠에겐 애교쟁이다. 우리가 집을 비우면 간식도 마다하고 한없이 엄마아빠를 기다려주는 모카. 거실에 앉아 있으면 자신의 엉덩이를 내 엉덩이와 맞대고 앉아 뜨끈하게 데워주는 녀석. 잠잘 때 엄마의 팔베개를 하고, 품에 안겨 쌔근쌔근 숨을 내쉬는 모카를 보면 사랑스럽다는 말이 어떤 감정을 가리키는지 알게 된다. 모카는 영원한 나의 첫사랑. 🐾

from 엄마

소통의 달견, 모카우유

사람들은 복잡한 언어를 사용해 의사소통을 한다. 필요한 것, 하고 싶은 것, 긍정의 표현, 부정의 표현… 제각기 다른 말과 어조로 의사를 표현한다. 심지어 나라마다 다른 언어로 말을 하기 때문에 서로 다른 두 나라의 사람이 모이면 소통이 잘 되지 않아 난감하고 어색한 상황으로 이어질 수도 있다.

모카와 우유가 들으면 기가 막히고 코가 막힐 것이다. "굉장히 쓸데없고 힘들게 사네"라고 말할지도 모른다. 왜냐하면 모카와 우유는 하고 싶은 모든 의사 표현을 하나의 소리로 퉁치기 때문이다. "왈!" 하나면 끝이다. 세상 부럽다.

모카가 선택한 소리는 "왈!"보다 더 간편한 "으르렁"이다. 으르렁은

보통 강아지들이 불편함을 표현할 때나 상대에게 경고를 주기 위한 의미로 사용한다. 하지만 모카는 일상의 모든 표현을 으르렁으로 한다.

아침에 배변을 하고 싶으면 현관 앞에 앉아 문을 열어줄 때까지 으르렁댄다. 밥 먹을 시간이 되면 냉장고 주위를 기웃거리며 으르렁, 밥을 빨리 바닥에 내려놓지 않는다고 으르렁. 공놀이를 할 때도 그렇다. 빨리 던지라고 으르렁, 물통이 비어 있거나 물에서 냄새가 나서 못 마시겠다고 할 때도 으르렁대며 나에게 눈짓을 한다. 내가 외출했다가 집에 돌아오면 반갑다고 으르렁, 또 사랑하는 마음을 모두 모아 쓰다듬으면 고맙다고 으르렁거린다.

모르는 사람이 보면 아주 성질이 고약한 녀석이라고 생각할 테지만 나는 알 수 있다. 모카의 표현법이 다소 거칠 뿐이지, 그 속의 따뜻한 마음과 나를 사랑해주는 마음 하나는 너무나 확실하게 알 수 있다(개똥같이 말해도 찰떡같이 알아듣는 나, 칭찬해!).

우유는 99%의 표현을 하울링으로 한다. 역시 늑대와 유전자가 비슷해서 그런지 짖기보다는 "아우우!" 하울링을 하는 사모예드 우유. 목소리도 어쩜 그리 예쁜지, 하울링을 할 때마다 마음이 사르르 녹아내린다.

어쩌면 우유는 언어 자체가 필요 없을지도 모른다. 우유가 하얀 솜사탕 속에 숨은 까만 눈동자로 바라보면, 있는 돈 없는 돈 다 털어서 '우리 우유' 갖고 싶은 거 다 사주고 싶기 때문이다. 우유와 눈이 마주치기만 하면 뭐든 척척 우유 앞에 대령하게 된다. 사실 나는 우유의 눈빛만 봐도 무엇을 원하는지 알 수 있다. 일부러 우유의 하울링을 듣고 싶어 부탁을 안 들어주고 기다리게 만들면 참다못한 우유가 나를 재촉하려고 하울링을 한다. 아우우우!!

이렇게 모카와 우유는 사람처럼 복잡한 언어가 없어도 우리에게 필요한 모든 것을 표현할 줄 안다. 우리뿐 아니라, 어느 나라의 강아지를 만나도 소통할 수 있을 것이다. 어쩌면 모카와 우유, 얘네가 정말 소통의 천재가 아닐까? 🐾

from 아빠

군고구마!

닮고기이이!!

아플 때만 "아빠!"

구름 한 점 없는 화창한 어느 여름날, 모카엄마는 일 때문에 장기간 다른 도시에 가 있었다. 모카와 나는 여느 때와 같이 저녁을 든든히 먹고, 가벼운 산책을 하기로 했다. 가까운 공원으로 갔다.

그날따라 엄마가 없다는 사실은 까맣게 잊은 채 가벼운 발걸음으로 총총총 걸어 공원에 도착한 모카. 넓은 들판에 도착해 목줄을 풀어주었다. 모카는 우사인 볼트보다 빠르게 앞으로 튀어나갔다. 공원의 나무란 나무는 모두 자기 것으로 만들겠다는 듯 오줌을 한 방울 한 방울 아껴가며 싸고 다니던 모카는 행복해 보였다.

영역 표시를 끝내고 모카는 만족한 표정으로 들판에 돌아왔다. 여기저기에 코를 박으며 흙냄새를 맡던 순간… *"끄야아약!!!!"* 조용한 공원

에 모카의 비명소리가 메아리쳤다. 놀라서 모카를 쳐다보니 코와 입에 커다란 가시들이 촘촘히 박혀 있었다. 너무나 아프다는 표정으로 힝구힝구 하며 나를 쳐다보던 모카….

"모카야, 왜 그래? 이리 와봐!"

말이 끝나기 무섭게 모카가 성큼성큼 달려와 다친 주둥이를 갖다댔다. 아파하는 그 모습이 너무나 안쓰러운 동시에 다쳤다고 아빠에게 와서 아픈 부분을 만져달라고 다가온 모카에게 고마웠다. 하기 싫은 행동은 곧 죽어도 안하는 모카인 것을 잘 알기에, '나를 아빠라고 생각은 하는구나'라는 마음에 내심 감동까지 받았다. 어이구, 우리 모카는 누구 새끼? 아빠 새끼지! 🐾

from 아빠

mocha

모카야!
가끔이라도 좋으니
아빠한테 평소에
마음 좀 표현해줄 수 없을까?

milk

mocha

milk

모카, 제2의 부(Boo)가 될 수 있을까?

끊임없이 말해왔지만 모카는 우리 부부에게 세상 제일 귀엽고 사랑스러운 아들이었다. 콩깍지가 씌었는지, 다른 강아지들과 비교했을 때도 모카의 외모를 따라올 강아지는 없다고 진심으로 생각했던 때가 있었다(물론 과거형이다. 강아지는 다 예뻐!).

밖에 나갔을 때 사람들이 모카를 보며 "아유, 귀여워!"라고 말하는 게 당연하다고 생각했다. 혹시나 그런 소리를 못 들으면 '모카를 못 봤나?' 하는 생각에 고개를 갸웃거리는 고슴도치 부모가 따로 없었다. 언제나 모카의 귀여운 모습에 어깨가 으쓱했었으니까.

어느 밤, 누워서 휴대폰으로 강아지들의 사진을 구경하다가 내 눈을 사로잡은 강아지가 있었다. 그건 바로 세계적으로 유명한 포메라니안계의 황태자, '부(Boo)'였다. 동글동글하게 털을 깎은 얼굴이 너무나 귀여워서 바로 이거다 싶었다. 그리고 며칠 뒤, 토론토에서 유명하다고 소문이 난 강아지미용실을 찾아갔다.

당시 학생이었던 우리 부부의 재정 상태는 늘 빠듯했다. 하지만 모카를 위해서라면 비싼 미용 가격이 하나도 아깝지 않았다. 당당히 '부'의 사진을 내밀며 "우리 모카도 이렇게 해주세요"라고 말했다. 그러나 돌아오는 미용사의 반응이 예상 밖이었다. 뒤통수를 한 대 두드려 맞은 느낌이었다.

"네? 이렇게 못해요. 모카는 주둥이도 긴 게, 순종 포메라니안도 아닌 것 같고… 이렇게 주둥이가 길면 동그랗게 미용을 해도 '부'의 느낌은 절대 못 내요."

미용사는 어이가 없다는 듯 웃으며 말했다. 그 말을 듣고 순간 어버버하며 벙찐 나에게 "비슷한 느낌은 최대한 내볼게요"라고 연타를 날린 미용사가 모카를 데리고 미용부스로 유유히 들어갔다.

mocha

모카에게 이렇게 차갑고 직설적으로, 사실 그대로 말하는 사람은 처음이었다. 모카의 미용이 끝나길 기다리는 동안 우리 부부 사이엔 적막만 흘렀다. 꼭 부부싸움을 한 것처럼… 모카가 최고 귀엽지는 않다는 사실을 대면하고는 우린 어색해졌다.

기나긴 시간이 흘러 미용부스에서 한결 깔끔한 모습으로 모카가 나왔다. 깔끔한 도시 남자의 느낌과 함께 미미하게 '부'의 느낌이 날 듯 말 듯한 모카가 환한 미소를 지으며 우리 품에 다시 안겼다. '부' 느낌이 안 나면 어때? 우리 모카가 제일 멋진데! 🐾

from 엄마

mocha

그래, '부'고 나발이고…
내 눈에 예쁘면 그만이지.
그치만 그날부터 콩깍지가
서서히 벗겨진 것 같아.
미안, 모카….

우리가 셀프 미용을 하게 된 이유

첫 미용 이후 우리 부부는 모카를 강아지미용실에 주기적으로 보냈다. 깔끔하게 이발한 모카의 모습이 아주 만족스러웠다. 하지만 더 예뻐진 모카를 보며 감탄하던 우리와 달리, 미용실에만 다녀오면 모카는 하루 종일 기분이 축 처지고는 했다. 스트레스를 받는 모양이었다.

미용을 한 날은 동네의 강아지공원에서 평소보다 더욱 격렬하고 신나게 뛰놀고, 모카가 좋아하는 간식도 사주며 기분을 풀어주려 애를 썼다. 그렇게 해야 간신히 모카의 속상한 마음을 달랠 수 있었다. 그런 날들이 점점 계속되자 어느 순간부터 모카가 미용하는 날은 괜히 나에게도 스트레스가 되었다. 해야 할 일이 너무나 많았고, 축 처진 모카의 모습을 보는 게 너무 마음 아팠다.

미용실에 가는 건 어찌나 그렇게 기가 막히게 아는지, 이동하는 차 안에서부터 축축 처져서 누워 있기 일쑤. 미용실 문앞에서 들어가기 싫다고 버티는 모카의 모습이 아른거려 미용이 끝나길 기다리는 시간 내내 마음이 좋지 않았다.

그러던 어느 날, 말끔하게 미용을 받고 나온 모카가 종일 한쪽 눈을 찡긋거렸다. 그리고 계속 어두컴컴한 침대 아래에 들어가 우리 곁으로 오려고 하지 않았다. 미용을 받고 기분이 처졌던 평상시와는 또 조금 다른 모습이었다. 그날 밤 모카의 눈을 자세히 들여다보았다. 세상에! 모카의 눈이 빨갛게 충혈되어 있었다.

아내와 나는 너무 놀라 식염수로 모카의 눈을 씻어주었다. 점차 나아지는 모카의 눈을 보며 안도하는 한편, 고민을 하지 않을 수 없었다. 우리 보기에 좋자고 싫다는 모카를 굳이 강아지미용실에 계속 보내는 게 맞을까? 미용실을 바꿔볼까? 수많은 고민 끝에 우리는 집에서 셀프 미용을 하기로 결정을 내렸다.

그리고 그 셀프 미용(이라고 쓰고 야매 미용이라고 읽는다)은 8년이 지난 지금까지도 계속되고 있다. 우리는 전문적으로 미용을 배운 미용사가 아니기에 모카의 미용 후 모습은 들쑥날쑥하다. 어떤 날은 봐줄 만하고 어떤 날은 하찮은 미용 실력에 반성하기도 한다. 하지만 모카가 편하게 푹신한 소파나 시원한 마루 바닥에 누워 익숙한 손길로 미용을 받고, 빗질을 할 때 눈을 천천히 감는 모습을 보면 셀프 미용을 하는 게 잘한 일 같다는 생각이 든다. 🐾

from 아빠

지난 8년 동안 미용을 받느라
수고가 많으셨습니다, 손님.
앞으로도 최선을 다해 정성껏
서비스해드리겠습니다!

사모예드 우유의 털 관리 비법

사모예드의 매력 중 하나로 꼽히는 풍성하고 윤기 나는 흰털. 우유가 산책을 하면 지나가는 사람들에게 꼭 듣는 말이 있다. 그건 바로 "So fluffy!(털이 엄청 풍성하네!)"다.

하지만 풍성한 우유의 매력이 고통스러울 때가 종종 찾아온다. 워낙 털이 많이 빠져서 매일 두세 번씩 청소기를 돌려야 하고, 우유의 털을 관리해주는 것이 보통 힘든 일이 아니기 때문이다. 우유는 겉털과 속털이 촘촘하게 이루어진 이중모다. 털이 빽빽하기 때문에 매일 빗질을 하지 않으면 속털이 서로 엉켜서 실타래처럼 뭉친다. 속털이 엉키면 빗질로 풀어낼 수 없고 가위로 잘라내야 하고, 엉킨 털 때문에 습기가 차면 피부병이 생길 수도 있다. 그래서 신경 써서 자주 빗어준다.

모카우유 TIP

기온이 높은 여름철, 더울 것 같다고 털을 다 밀어버리면 절대 안 돼요. 이중모인 강아지의 경우 겉털이 뜨거운 햇빛을 막아 열을 차단하는 역할을 하고, 속털이 낮아진 체온을 유지하는 역할을 하기 때문입니다. 오히려 털을 밀어버리면 피부에 화상을 입거나 열사병이 발병할 수도 있어요.

/ 예쁜개~ 예쁜개~ \

mocha

뭉개뭉개
우유 솜구름~

milk

물이랑 안 친한 우유

우유가 온 날, 강아지 비린내가 너무 심하게 나서 목욕을 바로 시키기로 했다. 강아지에게는 첫 목욕 경험이 가장 중요하기 때문에 목욕하는 과정을 하나하나 천천히 진행해야 한다. 그리고 단계마다 보상을 듬뿍 주어야 한다. 사모예드는 견종 특성상 몸에 물이 닿는 것을 매우 싫어하기 때문에 첫 목욕 경험이 잘못되면 평생 목욕을 할 때마다 전쟁을 치를 수도 있다.

그리하여 우리는 우유가 화장실에 입장했을 때, 욕조에 들어갔을 때, 물을 틀었을 때, 물이 몸에 닿았을 때 등 자극을 받을 때마다 넘치는 간식으로 보상을 해주었다. 모든 것이 처음인 우유는 깜짝깜짝 놀라다가도 간식을 보는 순간 긴장을 풀고 간식을 즐겼다. 목욕이 우유에게 조금이라도 안 좋은 기억으로 남을까 걱정되어, 나와 아내는 시종일관 긴장의 끈을 놓지 않았다. 마치 집사처럼 우리는 칭찬과 간식으로 극진하게 우유의 시중을 들었다. 다행히 우유도 협조적이었다. 목욕이 끝날 때까지 '싫지만 참아줄게'라는 표정으로 얌전히 기다려주었다.

그렇게 무사히 첫 목욕을 끝내고 밖으로 나온 우유. 수건으로 물기를 닦아주기 시작하는데 그동안 불만이 쌓였던 걸까? 갑자기 "아우우우! 우우우!" 하며 하울링을 했다. '간식 때문에 참아줬지만 더 이상은 못 참겠다!'라는 듯이 구슬프게 울어댔다.

간식으로 달래보았지만 간식을 다 먹자마자 이어지는 고객 불만에 당황스러웠다. 계속 껴안고 달래주며 놀아주고를 반복하고 나서야 기분이 좀 풀렸는지 우유는 하울링을 멈췄다. 기절한 듯 낮잠을 자기 시작한 우유를 보며 우리도 그냥 기절하고 싶어졌다.

참자 참아~

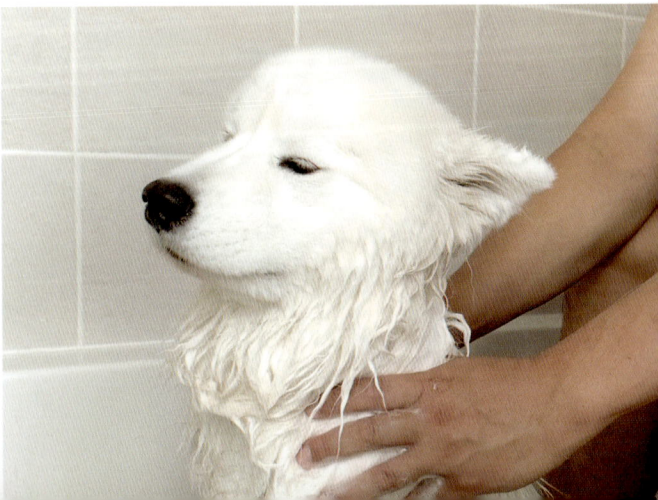

mocha

　　지금도 우유는 목욕이 너무나 싫지만 간식을 위해 참아주겠다는 표정을 짓는다. 목욕을 마치면 '앞으로는 더 이상 목욕을 시키지 말라!' 하는 듯 하울링으로 시위를 한다. 하지만 나도 지지 않아! 우유의 불만에 항상 같은 대답을 해준다. "넌 너무 더러웠어"라고. 🐾

from 아빠

우유야,
목욕이 싫어도
조금만 참자~

mocha

모카우유 TIP

시베리아가 고향인 사모예드는 영하 20도 이하의 추운 날씨도 견뎌낼 수 있는 '추위에 강한 견종'입니다. 몸이 젖은 상태로 영하의 기온에 노출되면 자칫 동사로 이어질 수 있기 때문에 사모예드는 몸이 물에 젖는 것을 극도로 싫어해요.

사모예드의 털이 이중모인 이유도 추운 고향과 연관이 있어요. 길고 빳빳한 겉털은 물이 속털에 침투하지 못하게 막아줍니다. 속털에 물이 직접 닿지 않도록 방수 역할을 하는 것이지요. 부드럽지만 두꺼운 속털은 체온 유지를 하는 데 탁월합니다. 겉털에 물기가 스며들거나 얼음이 맺히더라도 촘촘한 속털이 있어서 피부에는 냉기가 영향을 끼치지 못해요. 그래서 추운 기온에도 체온이 쉽게 내려가지 않아요.

그래서 함부로 이중모인 강아지의 털을 완전히 밀어버리는 미용을 하면 안 됩니다. 겉털과 속털이 없으면 추위나 더위, 피부 자극이나 염증 등의 질환에 쉽게 노출되기 때문이에요. 털 관리가 힘들더라도 꼼꼼하게 목욕과 빗질을 해주세요!

mocha & milk

3

우리집은 캐나다예요

강아지는 가족이에요

캐나다에 오기 전과 지금의 내 모습을 되돌아보면 강아지에 대한 인식이 참 많이 바뀌었다는 것을 새삼 실감한다. 강아지를 무서워했던 아내와 달리 나는 어릴 적부터 강아지를 무척이나 좋아했다. 캐나다로 이민을 오기 전, 중학교 때까지 집에서 강아지를 키웠다.

당시만 해도 강아지는 밖에서 키워야 하는 동물이라는 인식이 강했다. 나도 마당에서 강아지를 키우는 일이 당연한 줄 알았다. 우리집뿐 아니라 동네 어디를 가든 강아지들은 마당 한쪽에 살았기 때문이다. 나는 그저 우리집에 강아지가 있다는 사실에 만족하며 어린 시절을 보냈다.

지금 와서 생각해보면 강아지를 반려동물이라고 여기기보다는 나는 주인이고 강아지는 예뻐서 키우는 존재로만 여겼던 것 같다. 부끄럽지만 밤에는 어디서 자는지, 사회성이 제대로 발달되고 있는지는 물론이고, 혼자 있을 때 외로워하지는 않는지 등의 강아지의 상황이나 감정에 대해서는 신경 쓰지 않았다. 목줄만 없었다 뿐이지 마당이라는 감옥에서 평생을 갇혀 살게 했던 것이다.

그렇게 잘못된 반려동물 인식을 가진 채 캐나다로 오게 되어, 처음 이곳 강아지들의 삶을 간접적으로 체험했을 때 정말 놀라웠다. 내가 알고 있던 것과 너무나 다르고 새로워서 얼떨떨하기까지 했다.

가장 처음 놀랐던 점은 '집 밖에서 강아지를 키우는 집을 하나도 보지 못했다'라는 점이다. 강아지가 작든 크든, 무조건 집 안에서 사람과 함께 생활하고, 가족의 일원으로 사랑받으며 크는 모습을 보았다. 그리고 또 다른 놀라운 점이 눈에 들어왔다. 아침과 저녁만 되면 길거리에 강아지들이 넘쳐났다. 함께 여유롭게 산책을 즐기는 보호자들의 모습도 인상 깊고 놀라웠다.

강아지는 가족들에게만 환영받는 것이 아니었다. 강아지용품점은 물론이고, 일반적인 쇼핑몰이나 이케아, 홈디포 등 사람이 입장할 수 있는 곳이라면 어디든 입장 가능! 거의 모든 곳에서 반려견이 함께 동행하는 것을 허락한다. 이렇듯 캐나다에서 강아지란 존재는 단순히 집에서 키우는 동물에서 멈추는 것이 아닌, 생명으로 존중해준다. 더 나아가 가족 구성원 중 하나라고 진정으로 인정해주는 것을 느꼈다.

모카를 데리고 온 이후에도 배움은 계속되었다. 처음 동물병원에 찾아갔을 때의 일이다. 담당 수의사가 모카와 산책을 매일 다니는지, 배변 훈련은 잘 되어가고 있는지 물어보았다. 나름 산책도 하루에 두세 번씩 다녀오고, 배변 패드에 대소변을 가리는 훈련도 잘 되고 있는 상황이었기 때문에 "모카가 배변 패드에 잘 적응해가는 중입니다"라고 당당하게 대답을 했다. 그랬더니 수의사가 돌연 나를 이상하다는 듯 쳐다보며 되물었다.

"집 안에서 배변 훈련을 한다고요?"

당황한 나는 그렇다 말했고, 수의사는 산책을 다니는데 왜 집 안에서 배변을 누게 하냐고 다시 질문했다. 마치 산책을 시키지 않기 때문에 집에서 배변을 시키는 것이냐는 듯한 눈빛이었다.

한국과 달리 캐나다에서는 거의 모든 강아지가 야외에서 배변을 한다. 자유롭게 산책을 하며 돌아다니다가 배변하는 일이야말로 모든 강아지에게 가장 기본적으로 주어져야 하는 권리라는 인식이 있다.

나도 종종 후회를 한다. 우유가 오기 전부터 모카에게 야외 배변을 시켰다면 얼마나 좋았을까 하는 생각이 든다. 모카는 뒤늦게 야외 배변을 하게 되었기 때문이다. 그런 면에서 가장 기본적인 견권부터 확실하게 보호해주는 캐나다의 반려문화를 보며 참 배울 점이 많다는 것을 느낀다.

한편, 요즘 캐나다의 반려견 보호자들 사이에서 가장 핫한 주제는 생식이다. 강아지용품점 구석에 조그맣게 자리하고 있던 소형 생식 냉장고가 하나 있었는데, 최근 벽 한 편을 대형 냉장고들이 모두 차지했다. 생식에 대한 인식이 많이 바뀌고 있는 추세인 것 같다. 인간의 편의만을 위해 개발된 건조 사료보다는 강아지가 본래 주식으로 먹어야 하는 음식을 가장 신선한 방법으로 주어야 한다는 배려 차원에서 시작된 움직임이 아닐까?

이렇듯 북미의 반려견 문화는 현재 상태에 머무르지 않는다. 어떻게 하면 강아지를 더 좋은 환경에서 살게 해줄 수 있을지 끊임없이 생각

| 딩동댕!

어느 것을 먹을까요?
알아맞혀 보세요~

하고 고민하며 앞으로 나아가는 것 같다.

　머나먼 이 곳에서 한국의 강아지 관련 뉴스를 보게 될 때면 마음이 무겁다. 좋은 소식보다 안 좋은 소식을 접할 때가 더 많은 게 사실이다. 하지만 보이지 않는 곳에서 꾸준히 긍정적인 변화를 위해 힘쓰는 분들과 그런 변화를 응원해주는 분들도 점점 더 늘어나고 있는 것도 느껴진다. 우리 모카우유도 유튜브를 비롯해 여러 방법을 통해 한국의 반려문화에 긍정적이고 선한 영향력을 조금이나마 전할 수 있기를 다시 한 번 기도한다. 🐾

from 아빠

우리에게 선물처럼 찾아온 모카우유.
가족이 되어준 항상 너희가 더욱
행복하기만을 바란단다.

복종 훈련을 시키지 않는 이유

캐나다에서는 강아지를 집에 데리고 오면 복종 훈련 수업을 듣게 한다. 모카를 처음 데리고 왔을 때 '말도 곧잘 듣는데 그런 훈련을 굳이 해야 할까?'라는 생각이 컸었기에 우리 부부는 따로 복종 훈련 수업에 보내지 않았다. 하지만 우유는 덩치가 커서 의도하지 않아도 자칫 사고가 발생할 수 있기 때문에 꼭 복종 훈련 수업에 보내야겠다는 생각을 했다.

하지만 그런 생각을 송두리째 바꾼 계기를 만났다. 우리 가족과 친하게 지내던 가족이 있었는데 그 가족도 우리처럼 예쁜 반려견 둘과 함께 살고 있는 다견 가정이었다. 어느 날 대화를 나누다가 남편 제럴드가 자신은 강아지에게 복종 훈련을 시키는 것을 반대한다고 말했다.

이유를 들어보니 이러했다. 그의 부모님도 애견인이라 어렸을 때부터 강아지를 키워왔다고 한다. 그리고 함께 자라온 강아지들 모두 하나도 빠짐없이 복종 훈련을 받았다는 말도 덧붙였다.

그러던 중 문득 이상한 점을 깨달았다고 한다. 순진하고 똥꼬발랄하던 강아지들이 복종 훈련을 마치고 집에 돌아오면 하나같이 공장에서 찍어낸 듯 똑같은 성격으로 개조되어 있었다는 것이다. 강아지들 각각이 지닌 고유의 개성은 사라져버리고 모두 같은 성격으로, 주인의 말 한마디면 무조건 복종하는 성격으로 변했다고 한다. 그렇게 오로지 인간의 편의만을 위해 사는 강아지로 다시 태어나 돌아왔다는 말은 참 충격적이었다.

그래서 제럴드는 다른 이웃이나 강아지의 안전을 위한 기본적인 훈련은 시키되, 그 외에 강아지가 원래 지니고 태어난 성격을 바꾸는 훈련은 절대 시키지 않는다고 했다. 그 말을 들었을 때 큰 깨달음을 얻었다. 마음속에서 깊은 울림이 느껴졌다.

이미 강아지는 사람과 함께 생활하면서 사람의 생활 패턴과 사람이 만들어놓은 울타리 안에 맞춰 살아가고 있다. 그런데 복종 훈련까지 시켜가며 더 큰 희생을 요구해도 될까? 사람을 이렇게나 좋아하는 강아지에게 너무 이기적이고 일방적인 희생을 강요하는 것이 아닐까? 나는 그저 모카와 우유뿐 아니라 세상의 모든 강아지들이 제각각 타고난 자신의 성격대로 살며, 즐겁고 행복하기만을 바란다.

다만 가끔,
아주 가끔
우유의 저세상 친화력이 부담스럽기도 하다.
아빠의 존재를 잊고 천방지축 뛰어다니는
우유를 볼 때 '훈련을 시킬 걸 그랬나…' 하는
후회를 0.0001초 정도 할 때가 있다.

물론 모든 복종 훈련이 강아지의 성격을 로봇처럼 바꾸지는 않을 것이다. 하지만 내가 만약 모카우유와 다른 이웃, 강아지 사이에 문제가 생기지 않도록 기본적인 예절을 직접 가르쳐준다면 굳이 복종 훈련이 필요하지 않다는 입장이다. 그래서 모카와 우유는 복종 훈련 수업을 보내지 않기로 결정했다. 다행히 모카와 우유, 둘 다 아빠의 예절 수업을 잘 따라준다. 아직까지 후회는 없다. 🐾

from 아빠

까칠한 갈색 강아지들의 공격

우유는 우주 최강 인싸견이다. 산책을 나가면 만나는 모든 강아지들과 인사를 나누고 적극적으로 같이 논다. 그런데 우유는 우리 가족들의 강아지인 사랑이, 루비, 쿠키를 만나면 강제로 아싸견이 되어버린다.

7살 사랑이와 루비, 6살 쿠키는 나이가 있어서 그런지 조용히 누워서 쉬고 싶어 하는 편이다. 그에 비해, 에너지가 철철 넘치는 3살 우유는 그런 상황을 이해할 리 없다. 오랜만에 만나면 우유는 흥분을 감추지 못하고 꼬리를 프로펠러처럼 윙윙 돌리며 아우~ 하울링을 한다. 마치 백만 년 만에 만난 친구를 대하듯 활짝 웃으며 달려간다.

덩치가 4배나 되는 우유를 보면 사랑이, 루비, 쿠키는 기겁을 한다. 큰 몸집의 흰둥이가 달려드니 당연히 놀랄 수밖에. 그걸 알 리 없는 순수

\ 놀자~ /

한 우유는 자신도 덩치가 작은 댕댕이라고 착각을 하는지 자기 방식대로 들이대며 열심히 인사를 한다. 우유의 거침없는 인사에 사랑이, 루비, 쿠키는 앙앙거리며 방어하기 바쁘다.

    그런데 그 상황에서 더 웃긴 건 모카다. 모카는 사랑이, 루비, 쿠키 편에 선다. 우유에게 화를 내며 함께 짖어댄다. 순간 '너 우유랑 안 친하니?' 하는 생각이 든다. 자기도 포메라니안의 피가 좀 섞여 있다고 편드는 건지 뭔지… 작은 포메라니안 셋과 포메라니안 같은 모카까지 합세해 조그만 댕댕이 넷은 우유에게 앙앙 짖는다. 그러나 우유의 기가 그렇게 쉽게 죽을 리 없다. 우유는 솜방망이 같은 발로 댕댕이 펀치를 날리며 화내지 말고 제발 좀 같이 놀아달라며 애원한다.

그러나 안타깝게도 우유가 함께 놀자고 할수록 포메라니안 사총사의 입엔 하얀 솜사탕이 한 움큼씩 늘어난다. 우유가 가까이 다가갈 때마다 갈색 강아지들이 우유의 털을 물어뜯기 때문이다. 그렇게 실패가 되풀이되면 결국 우유는 우리 부부에게 달려와 일러바치듯 서러움에 겨운 하울링을 한다.

그저 놀고 싶을 뿐인 순수한 우유가 안쓰럽지만 큰 덩치에 시달리는 작은 강아지들의 마음도 이해가 되기 때문에 "우유야, 언니랑 오빠들 괴롭히지 좀 마…"라고 중재에 나설 수밖에 없다. 하지만 속으론 '나쁜 녀석들! 우리 우유가 얼마나, 어? 인터네셔날뤼(?) 유명한지 알고나 그렇게 천대하는 거야?'라는 생각으로 우유를 마음을 위로한다. 🐾

from 엄마

우유야,
슬프겠지만 그래도 기죽지 마!
산책을 더욱 자주 데려가줄 테니
착하고 예쁜 친구들 많이 사귀렴~

mocha

milk

극과 극, 강아지공원 인싸견과 아싸견

사람도 365일 같은 장소에서 같은 일, 같은 생활을 하면 지겨울 것이다. 모카와 우유도 마찬가지 아닐까? 매일 적어도 두세 번, 5~30분씩 산책을 다녀오지만 매번 같은 동네, 같은 길을 걷고 같은 냄새를 맡으면 아이들이 지루해질까봐 우리 가족은 중간중간 차를 타고 조금 멀리 떨어져 있는 강아지공원에 간다.

모카만 있었을 때는 강아지공원에 부담 없이 자주 다녀오고는 했다. 소형견 전용 구역에 들어가 킁킁거리면서 점잖게 산책하는 모카를 보며 얌전히 앉아 있다 집으로 돌아가면 되었다. 그런데 우유가 온 이후로는 강아지공원에 가는 일이 하루를 전부 잡고 계획해야 할 정도로 큰 이벤트가 되었다. 준비해야 할 것도 많고, 체력 소모도 커서 강아지공원에 다녀오는 일이 저세상 구경을 하다 오는 것만큼 힘들고 퍽퍽하다.

일단 우유는 '아주 작고 소중한 중형견'

이라 아쉽게도 소형견 전용 구역에는 입장할 수 없다. 대형견들이 야생마처럼 뛰어다니는 넓디넓은 들판으로 가야 한다. 그곳에 발을 디디는 순간, 순진무구하고 댕청한 우리 우유의 눈빛은 180도로 바뀌어 반짝반짝 빛나기 시작한다. 그리고 썰매견의 본능이 이끄는 대로 나를 끌고 다닌다. 가슴줄을 풀어주자마자 우유는 저 들판에 뛰어노는 야생견들과 오래 알고 지낸 친구인 양 자연스럽게 무리에 끼어든다. 우유를 무리의 일원으로 받아들인 야생견 패거리는 공원 전체를 휘젓고 다닌다. 휘젓는다는 말은 사실, 정말, 매우, 많이 순화된 표현이다. 천만다행으로 나쁜 짓은 안 한다. 보는 사람의 정신을 쏙 빼놓을 뿐.

우유는 공원에서 만나는 사람이나 강아지들과 무조건 인사를 해야 한다는 원칙을 가지고 있다. 사교성이 좋은 건지, 관종인 건지 헷갈릴 정도로 1분 1초를 쪼개고 또 쪼개가며 바쁜 시간을 보낸다. 넉살은 또 어찌나 좋은지, 우유는 어딜 가든 굶진 않을 것 같다. 목이 타면 물을 마시고 있는 강아지 옆에 가서 기다리다가 한 모금씩 얻어 마시기도 한다.

나는 사고를 칠까 걱정이 되어 우유의 뒤를 졸졸 따라다닌다. 그런 내가 부끄러운 건지, 뚱뚱한 아빠를 운동시켜주려는 효심이 갑자기 지극해지는 건지 우유는 나와 눈이 마주칠 때마다 방향을 틀며 멀리멀리 도망을 간다. 이런 내막을 모르는 제3자가 보면 강아지를 납치하기 위해 스토킹하는 사람으로 오해할 만큼 우유는 나를 모르는 사람인 것처럼 철

달려 달려~

오랜만이다, 친구야!

우리 오늘 초면이야

저하게 피해 다닌다.

    그에 반해 모카는 그야말로 '핵 아싸견'. 아싸 중의 아싸다. 강아지 공원에서 유유자적 산책하며 잘 놀다가도 다른 강아지가 곁으로 다가오면 순식간에 얼음이 된다. 그러고는 힝구힝구하는 눈빛으로 구원의 메시지를 보낸다. 그 강아지가 다른 곳으로 갈 때까지 엄마나 아빠 다리 사이에 숨는다. 결국 그 강아지가 가고 나서야 슬금슬금 걸어나와 다시 혼자만의 산책을 즐긴다.

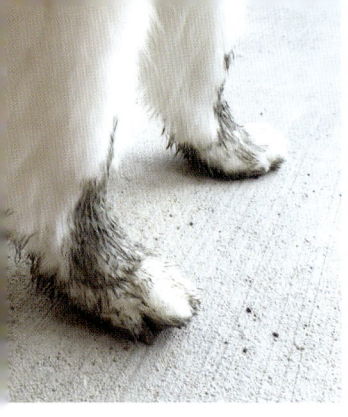

\우유
너무 신나요!/

그래도 캐나다에는 강아지공원이 곳곳에 있어 다행이다. 야외에서 신나게 에너지를 뿜어내는 우유와 자신만의 시간을 만끽하는 모카를 보는 것만으로도 힘들게 공원을 찾아오는 보람이 있다. 모카와 우유뿐 아니라 모든 강아지가 원하는 대로 항상 자유롭게 뛰어놀 수 있기를 바란다.

from 아빠

모카우유 TIP

캐나다에는 강아지공원이 도시마다 적어도 하나씩은 있을 만큼 많아요. 정부에서 운영해 무료로 입장할 수 있답니다. 캐나다에는 집 밖을 나설 때 항상 목줄을 차야 한다는 규정이 있어서 목줄을 풀고 자유로워질 수 있는 강아지공원에 가는 것을 아이들도 참 좋아해요. 강아지공원에서는 목줄을 풀고 뛰어놀 수 있어서 신이 난 강아지들 덕분에 언제나 활기찬 기운이 넘쳐흘러요.

넓기는 또 어찌나 넓은지 과장을 조금 더 보태면 축구 경기를 할 수 있을 정도로 넓은 벌판이 펼쳐져 있어요. 에너지 분출이 필요한 강아지나 사회성 교육을 위해 다른 친구들을 만나려는 강아지가 방문하는 필수 코스입니다. 제각기 성격이나 체격이 다른 강아지들이 모이기 때문에 강아지공원의 규정을 잘 지키고, 강아지도 사람도 서로 예의를 지켜야 한답니다.

세상 모든 것이 의심스러운 모카와
지세상 레벨의 사교성을 지닌 우유.
둘이 반반씩만 서로를 닮으면 안 될까?

강아지용품점 나들이는 언제나 즐거워!

모카와 우유는 동네 산책을 하거나 강아지공원에 가는 것도 좋아하지만 강아지용품점에 놀러가는 걸 정말 좋아한다. 강아지용품점에는 반려견이나 반려묘를 위한 물건 외에도 새, 물고기, 햄스터, 파충류 등 다양한 반려동물 물건을 쉽게 구입할 수 있다.

사실 강아지용품을 파는 곳이지만 필요한 물건을 구입하기만 하는 곳은 아니다. 많은 강아지들이 엄마아빠와 나들이를 하는 핫플레이스이기도 하다. 모카와 우유도 강아지용품점에 놀러가 새로운 친구들을 만나고 사회성을 기른다.

모카는 강아지용품점에 도착하면 차에서 내리자마자 굳게 닫혀 있는 자동문 앞으로 걸어간다. 그리고 자동문 앞에 2~3초간 서서 문이 열리길 기다린다. 문이 스르륵 열리면 아주 자연스럽게 총총총 걸어 들어간다. 자동문 앞에 서면 문이 저절로 열린다는 것을 아는 모카도 귀엽지만 6kg밖에 안 되는 작은 모카를 자동문 센서가 감지한다는 사실도 너무나 귀엽다.

사회성 만렙인 우유는 강아지용품점에 들어가자마자 바로 새로운 친구들을 찾기 시작한다. 처음 만나는 친구들을 보면 꼬리를 헬리콥터의 프로펠러처럼 360도로 휙휙 돌려가며 온몸으로 기쁜 마음을 표현한다. 천천히 다가가 새로 만난 친구의 냄새를 맡는 모카와는 달리 우유는 반가운 마음을 감추지 못한다. 아니, 감추지 않는 편이다. 얼굴과 몸을 들이대며 부담을 주거나 너무 좋다며 초면인 친구 앞에 발라당 드러눕기도 한다.

모카와 우유는 강아지 친구들 외에도 강아지용품점 직원들이나 다른 보호자들과 인사를 나누며 사회성을 쌓기도 한다. 가끔은 직원들에게 예쁨을 받으며 간식을 얻어먹는데 아마도 그 시간이 모카와 우유가 제일 좋아하는 시간이 아닐까 싶다.

이렇게 집 가까운 곳에 다른 동물 친구들과 여러 사람들을 만날 수 있는 장소가 있어서 운이 좋다고 생각한다. 언제든 눈치 보지 않고 편히 오가며, 자연스럽게 사회성을 기를 수 있는 기회는 흔치 않으니까 말이다. 🐾

from 엄마

mocha

mocha

모카우유 TIP

강아지용품점에는 페이퍼타월과 강아지 오줌 냄새를 없애는 탈취제가 곳곳에 준비되어 있습니다. 실내에서 실수로 강아지들이 대소변을 누어도 가게에서 준비해둔 페이퍼타월과 탈취제로 깨끗이 뒷정리를 할 수 있게 말이죠. 캐나다에서는 강아지들에게 넘치는 배려를 해주는 곳이라 어디든 마음 놓고 다닐 수 있어요.

mocha

뜨뜻한 집이 최고야!

　일전에 우유가 눈밭에서 뛰어노는 영상을 유튜브에 올린 적이 있었다. '개가 추워서, 발이 시려서 뛰어다닌다'라는 댓글이 많았다. 하지만 모카와 우유를 오랜 시간 키워온 아빠 입장에서 이번 기회를 빌려 꼭 모카와 우유에 대해 전하고 싶다.

　발이 시린 모카는 꼼짝달싹도 안 하고, 눈 속에 푹 파묻힌 발을 한쪽씩 들었다 놨다 합니다! 우유는 추워서 그러는 게 아니라, 눈이 너무너무 좋아서 뛰어다니는 거예요! 눈 위에 철푸덕 누워서 놀 정도이니 너무 걱정 마세요~ 🐾

from 아빠

\ 꺄르르륵~ /

mocha

역시 우유는
시베리아 출신 썰매견의 피가 흐르나보다.

mocha

모카야, 우유야, 캠핑가자!

반려동물을 키우는 사람들의 고민 중 하나가 '휴가 때 아이들을 어디에 맡겨야 하는가'일 것이다. 최선의 선택은 아이들과 같이 여행을 가는 것인데 참 쉽지 않다. 반려동물과 함께 갈 수 있는 여행지는 어디 없나 찾아보지만 반려동물의 출입이 가능한 숙박 시설을 찾기가 너무 어렵다. 아이들을 마음 편히 맡길 수 있는 곳이 있는 게 아니고선 여행을 가는 발걸음과 마음이 무겁기만 하다.

그래서 우리 가족은 매년 여름휴가로 캠핑을 선택한다. 아름다운 자연이 빠지면 섭섭하다고 할 캐나다에는 널리고 널린 것이 국립공원인데, 온타리오주에만 캠핑이 가능한 국립공원이 약 220개라고 한다. 작년 7월, 어김없이 모카우유와 처형네 가족들과 함께 토보머리(Tobermory)

\ 졸바알~! /

milk

mocha

라는 곳으로 캠핑을 다녀왔다.

    나는 대학 시절부터 캠핑을 다녔기에 텐트를 치고 불을 피우는 등의 일에 자신이 있었다. 그래서 앞장서서 캠핑을 주도했다. 토보머리에 도착하자마자 후다닥 짐을 정리하고, 텐트를 친 다음 모카우유와 숲속에서 상쾌한 피톤치드 향을 잔뜩 마시며 산책을 했다. 아주 기분 좋은 캠핑의 첫날이 시작되었다.

    캠핑을 하는 장소에서 40분 정도 걸어 조지안 베이(Georgian Bay)라는 물가에도 갔다. 에메랄드 색의 물가에서 수영을 하며 더위를 식혔다. 그날 밤 늦은 시간까지 캠프파이어를 하고 뒷정리를 마친 뒤 텐트로 들어가 스르륵 잠에 빠져들었다. 얼마 안 잔 것 같은데, 옆에서 아내가 당황한 목소리로 나를 깨웠다.

"오빠, 너구리들이 언니네 텐트 안에 있는 음식을 가져가려고 텐트를 다 찢어 놓았대! 우리도 한번 체크해봐야 되는 거 아니야?"

급박한 상황이었지만 나는 졸리고 귀찮았다. "그래서 사료나 과자를 텐트에 넣어두면 안 돼. 우리 물건은 차 트렁크 안에 넣어놔서 괜찮아…"라며 캠핑 고수라도 되는 듯 심드렁하게 대답했다. 밤에 활동하는 야생 너구리들이 처형네 텐트 안의 과자와 강아지 사료 냄새를 맡고, 텐트를 덮쳤다고 한다. 그러고는 날카로운 손톱으로 30cm 이상 텐트를 찢고 들어가 과자와 사료를 들고 튄 것이다. 영리한 녀석들!

한바탕 난리를 치른 뒤 우리는 다시 까무룩 잠이 들었다. 1시간 정도 지났을까, 밖에서 "처제! 재준!" 큰 소리로 부르는 형님의 목소리가 들려왔다. 다급하게 뛰쳐나가보니 우리 차가 너구리들에게 습격을 당한 것이다.

너구리들이 모카와 우유가 며칠 동안 먹어야 할 사료를 몽땅 가져갔고, 차 안에는 어지러운 발자국뿐 아니라 너구리들이 헤집어놓은 과자와 사료 부스러기로 난장판이 되어 있었다. 어떻게 굳게 잠긴 차 안에 들어갔는지 한참을 살펴보니, 낮에 선루프를 연 채 드라이브를 하고 다시 닫는다는 걸 깜빡했던 것.

"아, 텐트 안에 음식을 넣으면 안 되는데, 선루프 열린 차 안에 넣는 건 괜찮구나"라며 옆에서 째려보는 아내를 못 본 척하고 묵묵히 새벽부터 차를 청소했다.

못내 미안한 마음도 잠시, 생각할수록 어이가 없었다. 함께 텐트 안에 있던 모카와 우유 말이다. 집에서는 작은 소리만 나도 가만두지 않겠다는 듯 짖던 모카와 1층 부엌에서 치즈 껍질을 살짝 벗겨내는 소리에도 헐레벌떡 2층에서 뛰어내려오던 우유 녀석이! 왜 텐트 바로 옆에 있는 차 안에 너구리들이 들어가고, 옆 텐트를 찢고, 사료통을 통째로 들고 튀는데도 찍 소리 하나 안 내고 있었나. 왜 못 들은 척 숨죽이고 있었니! 🐾

from 아빠

milk

왕왕 짖어줬으면 밖에 나가보는 건데!
모카와 우유도 쪼끔은 잘못했어.
나만 실수한 게 아니야….

Trick or treat! 할로윈 파티

우리가 살고 있는 캐나다에서는 매년 10월 31일이 되면 할로윈 파티로 동네가 시끌벅적해진다. 아이들은 며칠 전부터 준비한 코스튬을 입고 사탕을 받으러 집집마다 문을 두드린다. 아들 시온이도 공룡 코스튬을 입고 학교에서 열리는 할로윈 파티에 간다고 잔뜩 들떠 있었다.

'우리집 개린이들도 할로윈을 재밌게 보내면 좋겠는데'라는 생각을 하던 차에, 집 근처 강아지용품점에서 간식을 사서 나오다가 전단지를 받았다. 계산을 도와주던 직원이 할로윈 데이에 강아지용품점에서 반려동물을 위한 파티를 한다고 알려준 것이다. 이거다! 모카와 우유도 할로윈 코스튬을 입고 친구들과 파티를 할 수 있게 된 것이다.

강아지용품점을 나오다 말고 부리나케 다시 들어가 모카와 우유가 입을 할로윈 코스튬을 쇼핑했다. 강아지용 코스튬은 어쩜 이렇게 다 귀여울까? 이것도 귀엽고, 저것도 잘 어울릴 것 같고…. 쇼핑 카트에는 모카와 우유의 옷이 산처럼 쌓여갔다.

안타깝게도 사람처럼 탈의실이 없어서 입어보고 고를 수 있는 건 아니었다. 그렇지만 세일도 하는 중이니까 마음에 드는 옷은 모조리 쓸어 담았다. 우유를 위한 코스튬으로는 새우초밥과 스파이더맨, 핫도그, 멕시코 전통의상을 골랐고 모카의 코스튬은 곰돌이와 코끼리, 도마뱀을 골랐다. 우유는 멕시코 전통의상이, 모카는 곰돌이가 제일 찰떡같이 어울렸다. 하지만 아이들이 파티에 가서 편히 입고 다닐 옷을 고르게 되는 것이 역시 엄마아빠의 마음. 결국 밥알이 몽글몽글한 새우초밥 우유와 도마뱀에게 잡아 먹히고 있는 모카로 변신했다. 그리고 함께 들뜬 마음을 안고 모카우유의 생애 첫 할로윈 파티에 갔다.

가게 문을 열자마자 처키 분장을 한 강아지를 만났다. 배트맨이 된 그레이트 데인, 세상에서 제일 순한 사자인 래브라도, 핫도그로 변신한 골든 리트리버, 타코가 된 시츄 등 할로윈 파티를 즐기러 온 개린이들로 북적북적했다. 역시나 인싸 우유는 만나는 친구들마다, 사람들마다 반갑다며 꼬리콥터를 휘두르면서 사방팔방 돌아다니기 바빴다. 모카는 조심스럽게 냄새를 맡으며 천천히 파티를 즐기는 것처럼 보였다. 우유와 모카를 지켜보는 것도 즐거웠지만 제각기 잘 어울리는 코스튬을 차려입은 강아지들을 보는 것만으로도 얼굴에서 웃음이 떠나지 않았다.

강아지뿐 아니라 고양이, 앵무새, 토끼까지 참여한 할로윈 파티는 너무나 즐거웠다. 많은 반려동물들이 참여할 수 있는 이런 이벤트가 점점 많아지길 바란다. 산책 외에도 모카우유와 함께 외출할 수 있는 곳이 더 많아져서, 더 많은 걸 경험하게 해주고 싶다. 그리고 반려동물의 출입을 반겨주는 곳들이 더 많이 생겨날수록 필수 예절 그러니까 '펫티켓'을 잘 지키자는 인식도 자라날 것이라는 생각이 든다. 🐾

from 엄마

mocha

♪

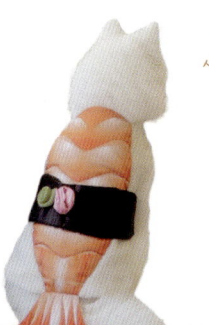

새우초밥으로
변신!

mocha & milk

4

함께 가족으로 살아간다는 것은

우리 엄마가 달라졌어요!

나는 강아지들을 좋아한다. 누군가 "언제부터 개를 좋아했어?"라고 물으면 그건 나도 잘 모르겠다는 대답을 해야 할 것만 같다. 집에서 아주 어릴 적부터 강아지를 키우기도 했고, 그래서인지 항상 강아지를 좋아했다. 그래서 처음 아내를 만났을 때 "나는 강아지를 무서워해서 싫어"라는 말을 이해하지 못했다. 강아지를 싫어하는 사람도 있다는 사실을 그때 알게 되었다.

연애를 하면서 강아지를 키우는 친구 집에 놀러갔던 때가 생각난다. 작은 강아지를 보고도 겁에 질려 뻣뻣하게 굳어버린 아내의 모습을 보았다. 그 모습이 참 안타까웠다. 강아지의 귀여움을 모르다니, 사실 그렇게 무서운 존재들이 아닌데…. 그때부터였나. 댕댕이의 매력을 모르

고 살게 할 순 없다는 생각에 나는 아내에게 우선 방송 프로그램 〈TV 동물농장〉을 보여주기 시작했다.

물론 억지로 강요하지는 않았다. 마음의 문제이기 때문에 강요할 수도 없는 것이고. 가랑비에 옷 젖는 듯, 내가 그 프로그램을 시청하는 모습을 아내에게 보여주거나 스치듯 지나가면서 자연스럽게 볼 수 있도록 방송을 틀어놓는 식으로 말이다. 또는 귀여운 강아지 사진이나 영상을 찾아 보여주며 "정말 귀엽다!"라고 혼잣말을 하면서 은연중 '강아지=귀여움'이라는 생각을 가질 수 있도록 했다. 그저 특별한 이유 없이, 사랑스러운 존재들과 멀어지게 만드는 '두려움'이라는 감정만 덜했으면 좋겠다는 것이 내 작은 바람이었다.

mocha

그렇게 5년간의 연애 기간 동안 끊임없이 노력한 덕분인지 아내도 강아지에게 서서히 호기심과 호감을 갖기 시작했다. 그리고 그렇게 강아지에 대한 인식 변화가 일사천리로 이루어질 때쯤 우리는 모카를 만났다. 아니나 다를까, 아내는 모카로 인해 댕댕이들의 매력에 풍덩 빠지게 되었다. 이제는 지나가는 강아지만 봐도 귀여워했고 심지어 터프한 외모를 가진 큰 강아지에게도 귀엽다, 멋있다, 늠름하다, 예쁘다 등 듣기 좋은 형용사를 모두 사용할 정도의 애정을 보여준다.

지금도 모카와 우유를 보는 아내의 눈에서는 꿀이 뚝뚝 떨어진다. 그리고 종종 말한다. "내가 오빠를 만나고 감사한 것들 중 하나가 동물을 사랑하는 마음을 갖게 된 거야. 그런 마음을 알게 해줘서 고마워."

from 아빠

매일 우유의 흔적과 치르는 전쟁

우리집의 하루는 항상 똑같다. 아침에 아들 시온이를 학교에 보내고 돌아와 지난 밤 우유가 흩날리고 다닌 털을 청소한다. 분명 잠들기 전에 청소기를 깨끗이 돌렸는데, 눈을 뜨면 우유의 털이 또 풀풀 날아다닌다. 거실 바닥과 계단, 화장실 타일 등 우유가 밤새 돌아다니며 머문 곳엔 우유의 흔적들이 가득하다.

목욕을 시키면 더욱 털매(털+열매)가 풍성히 열리는데, 특히 털갈이 시기에 목욕을 하면 다음날은 그야말로 난장판이 된다. 솜사탕을 손으로 뽑아 바닥에 흩날린 듯이, 여기저기에 우유의 털사탕(?)들이 바닥에서 바람을 타며 소용돌이친다. 한숨을 깊게 내뱉고 청소기에게 미안한 마음을 전하며 전원 스위치를 누른다.

우유의 흔적들은 바닥에만 남아 있는 게 아니다. 간혹 샤워를 하고 난 뒤 수건으로 몸을 닦을 때 우유의 흔적들이 어찌나 존재감을 뿜어내는지 겪어보지 않으면 모른다. 가끔 수건으로 몸을 닦은 건지, 털로 몸을 닦은 건지 헷갈릴 정도로 온몸에 우유의 털이 붙는다. 아마 깜빡하고 우유 전용 수건과 사람 수건을 구분하지 않고 빨래를 돌려서 그런 것 같다. 하아… 다시 한 번 마음을 다잡고 샤워실에 들어가 우유의 흔적들을 물에 씻어 내린다.

털매를 퇴치하기 위한 노력은 끝이 없다. 현관 입구와 차에는 돌돌이 스티커가 상시 준비되어 있다. 우유의 털이 옷에 달라붙기 때문에 집을 나갈 때와 차에서 내릴 때 털이 붙어 있는지, 제대로 떼어냈는지 확인해야 한다.

뿐만 아니라. 가족들과 함께 밥을 먹을 때도 털매의 공격은 끊이지 않는다. 특히 시온이가 이상한 행동을 보이곤 한다. 뱀처럼 혀를 날름거리다가 검지와 엄지로 혓바닥을 자꾸 긁어내린다. "시온아, 밥 안 먹고 뭐해?" 물으면 "우유 털이 입에서 안 빠져요"라고 답하는 아들. '그냥 먹어'라고 대답해주고 싶지만 포커페이스를 시전하며 친절하게 털을 떼어내준다.

평소 우리 부부는 우유의 털에 관해서는 어쩔 수 없으니 유난 떨지 말자는 생각으로 반응해주는 편이다. 가족 중 누군가가 털매를 뿜뿜 하

는데 어쩔 수 없지 않나 싶다. 다른 집도 같은 상황이라면 마찬가지의 반응을 할 거라고 생각한다. 유독 머리카락을 바닥에 잘 흘리는 가족 구성원이 있다면 청소를 더 열심히 하겠지. 우리집도 그렇다. 더 열심히 청소하고 더 세심히 입에서 털을 떼어주면 된다고 생각한다.

from 아빠

365일 탈모(?)와의 전쟁을 치르는 우리집.
털을 뿜는 우유와 빠진 털을 치우는 나⋯.
그 누구도 이길 수 없는
이 전쟁이 과연 끝나기는 하는 걸까?

모카와 시온의 돌이킬 수 없는 관계

모카가 3살이 되던 해, 시온이가 태어났다. 엄마아빠와 여유롭게 외동으로 듬뿍 사랑을 받던 모카의 삶에 밤낮 없이 수시로 울어대는 아기가 찾아온 것이다. 바뀐 우리의 삶에 어쩔 수 없이 모카도 적응을 해야만 했다.

처음 갓난아기인 시온이가 집에 왔을 땐 모카도 호기심을 갖고 천천히 다가갔다. 모카의 눈에도 귀여워 보였는지, 신기해 보였는지 나름 훈훈하고 우호적인 분위기였다. 모카는 아기의 옆에 가만히 누워 있기도 하고 자지러지게 울면 당황한 눈빛으로 '좀 어떻게 해봐'라는 듯 엄마아빠를 쳐다보기도 했다. 평소에 조그만 것에도 짖는 모카에게 "모카야! 시온이 잔다. 제발 짖지 마!"라고 하면 자존심상 그만 짖지는 못하겠는

지 목소리 톤을 낮춰 "워워" 하고 짖는 배려를 아끼지 않기도 했다.

모카는 시온이를 가족 구성원으로 여겨주었다. 지켜줘야 하는 존재라고 생각했을지도 모른다. 생후 30일이 넘은 시온이가 바닥에서 터미 타임(아기의 상체 힘을 길러주기 위해 엎드려 있는 시간)을 할 때도 모카는 시온이의 옆에 바짝 붙어 있었다. 시온이가 아기 침대에 누워서 자고 있으면 침대 밑에 누워 낮잠을 자던 모카. 변해가는 우리의 삶을 잘 받아들여주는 모카가 대견하면서 고마웠다.

그러나 둘의 관계가 틀어져버린 계기가 있었으니…. 무럭무럭 자라난 4개월차 아기 시온이는 모카에게 돌이킬 수 없는 잘못을 하고 말았다. 그건 바로 많은 아기들이 범한다는 '강아지 털 쥐어뜯기'. 그날도 모카는 시온이의 근처에 누워 있었다. 손을 제법 쓸 줄 알게 되는 개월 수

mocha

에 이른 시온이가 옆에 누워 있던 모카의 몸에 손을 얹었다. 그러고는 활짝 펼친 고사리손으로 모카의 털을 꽉 잡아당겼다. 모카의 "꺅!" 하는 비명소리에 놀라 황급히 시온이의 손에서 털을 빼냈지만 당황한 모카는 눈으로 욕을 하고 있었다.

그날 단 한 번의 실수로 시온이는 모카의 '내 가족 리스트'에서 제명당했다. 모카는 시온이 근처에 다시는 가려고 하지 않았다. 그리고 시온이를 위해 "워워" 조용히 짖던 모카의 배려도 아마 그 즈음에 끝났던 것 같다. 원래 성격이 조금 예민하고 매사에 진지한 모카에게서 기대할 수 없는 배려 넘치는 모습들이었는데… 그렇게 끝이 난 것이다.

5년이 지난 지금까지도 모카는 시온이를 무시한다. 글자 그대로 '개무시'. 시온이가 가까이 다가가면 싫은 내색을 대놓고 비추고는 한다. 예민하고 진지한데 뒤끝도 심한 모카. 우리는 아직도 모카가 시온이를 다시 예전처럼 받아주기를 기다리는 중이다. 얼마나 걸릴지는 모르지만 모카의 마음을 돌려놓을 때까지 시온이가 노력하는 수밖에 없다. 🐾

from 엄마

모카와 시온이에게
잠시 사이좋은
순간이 찾아오기도 한다.

milk

나 홀로 집에

우리 가족은 가능하면 외출을 자제한다. 외출을 하더라도 모카와 우유를 데리고 나가든지, 집에 아내와 나 둘 중 한 명은 머물며 모카와 우유가 외로워하지 않도록 한다. 피치 못할 사정으로 모카와 우유만 집에 두고 외출해야 할 경우에는 최대한 볼일을 빨리 마치고 집에 돌아오려고 노력하는 편이다. 강아지들이 보호자가 없을 때 얼마나 외로워하는지 다양한 매체를 통해 익히 봐왔기 때문에 더욱 신경을 쓰는 부분이기도 하다.

그러던 어느 날 갑자기 궁금해졌다. 모카와 우유가 집에 남겨졌을 때 무얼 할까? 정말 외로워할까? 둘이 같이 있으니까 그래도 덜 외로워하지 않을까? 여러 궁금증이 꼬리에 꼬리를 물고 떠올랐다.

그래서 모카우유가 자주 돌아다니는 곳들에 카메라를 설치하고, 큼지막한 간식을 하나씩 건네준 뒤 집을 비우기로 했다. 간식을 받자마자 먹을 생각에 기쁜 마음을 숨김없이 드러내는 꼬리가 보였다. 모카와 우유는 각자 좋아하는 곳에 자리를 잡고 간식을 먹기 시작했다.

'쾅!' 문이 닫히는 소리와 함께 나는 집에서 나왔고 모카의 입맛도 동시에 퇴장했다. 그렇게 좋아하는 간식을 바닥에 내려놓고 문 앞으로 다가가는 모카. 모카는 내가 집에 돌아올 때까지 문 앞을 떠나지 않은 채 기다리고 있었다.

그에 반해 우유는 그야말로 제 세상. 모카가 내려놓은 간식까지 열

심히 주워먹고 배를 채운 뒤 여기저기 돌아다니며 '사고칠 것 어디 없나' 하는 모습으로 온 집을 쑤시고 다녔다. 거실에 있는 간식통을 열어보려고 했다가 마음대로 되지 않자 금세 다른 일에 몰두한다. 구석에 있던 장난감을 모조리 꺼내서 놀기도 한다. 테이블 위에 있던 내 옷도 바닥에 팽개치고, 선반 위에 있던 책들도 잘근잘근 씹는다.

그런데 얼마쯤 시간이 지났을까? 우유의 흥미를 끄는 게 모두 사라지자 우유는 아까 바닥에 내팽개친 내 옷 위에 자리를 잡고 누웠다. 옷에 남겨진 체취를 맡으며 하염없이 누워 있던 우유는 모카와 마찬가지로 내가 집에 돌아와서야 그 자리를 떠났다.

보호자마다 생각이 다르고 생활 패턴이 다르기 때문에 강아지를 이렇게 키워라, 저렇게 키워라 할 수는 없다. 하지만 한 가지 분명한 건 강아지에게 보호자 없이 홀로 남겨진 집은 더이상 따뜻한 공간이 아니라는 게 우리 가족의 생각이다. 가족을 기다리고 잠들고만 반복하는 적막한 공간이 되어버리는 것이다. 모든 상황에 함께할 수는 없지만 그래도 최선을 다해 함께해주었으면 좋겠다. 세상 모든 강아지들이 외롭지 않게, 집을 '따뜻한 곳', '가족이 있는 곳'으로 생각할 수 있도록 말이다. 우리는 가족이니까. 🐾

from 아빠

mocha

힝구힝구~

우유는 천사야!

강아지들도 각자 타고난 성격이 있다. 제각기 좋고 싫음이 분명하게 구분되어 있고, 이를 표현하는 방식도 다르다.

모카는 포메라니안 특유의 까칠한 매력을 지녔다. 진지한 성격이어서 누군가 장난을 걸어오는 행동을 싫어한다. 시끄럽고 동작이 큰 어린 아이들을 귀찮아하고 낯선 사람이 만지는 것도 무서워한다. 오로지 자신이 믿을 수 있는, 어른들만 좋아한다. 겁도 어찌나 많은지 조용하고 안전한 장소에서 혼자만의 시간을 가지며 쉬는 것을 좋아한다.

그런 모카와 살다가 우유를 만나고 놀랄 때가 참 많았다. 우유는 성격 자체가 모카와 아주 많이 다르다. 한마디로 여유롭다. 시끄러운 청소기를 옆에서 밀어도 여유만만하다. 피할 법도 한데, 가만히 드러누워 청

소기를 지켜본다. 어린 아이들은 강아지를 쓰다듬는 손길이 다소 서툴 수 있는데, 우유는 아이들의 손길에도 입꼬리를 씨익 올린 웃음 띤 얼굴로 잘 참아준다. 그런 우유의 모습을 보면 나도 모르게 우유를 따라 웃는 얼굴을 하게 된다. 이런 게 바로 우유의 슈퍼 파워가 아닐까!

여러 번 이야기했지만 우유는 이 세상 모든 사람들과 강아지 친구들을 사랑한다. 만나는 모두와 인사를 하고 안부를 묻고 싶어 한다. 조용하고 까칠한 모카의 행동도 우유는 개의치 않는다. 단 한 번도 기분 나쁜 기색을 보이지 않는 우유. 강아지들은 대부분 불편한 상황에 놓이면 코를 찡긋하며 감정을 표현한다. 그런데 3년을 함께 살면서 우유가 코를 찡긋하는 모습을 본 적이 없다. 항상 웃는 얼굴을 하고 있는 우유는 천사인 걸까?

게다가 우유는 의리에 살고 의리에 죽는다. 의리파다. 이제 조금 컸다고 말을 안 듣기 시작하는 시온이를 혼내고 있으면 우유는 슬며시 다가와 시온이 옆에 앉는다. 그만 혼내라는 신호다. 숨바꼭질을 하던 날도 그랬다. 모카는 술래가 된 나를 찾지 못해 한참을 다른 곳에서 헤매고 있었다. 그때 우유의 행동은 정말이지 놀라웠다. 이미 나를 찾았지만 모카가 찾을 때까지 조용히 지켜보며 기다려준 것이다. 우유는 눈빛과 몸짓, 하울링으로 모카에게 내 위치를 알려주는 배려까지 보였다.

milk

아이고 좋다아~

mocha

그뿐 아니다. 우유가 밥을 먹는 중에 먼저 다 먹은 모카가 뒤에서 어슬렁거린 적이 있었다. 밥은 강아지들 사이에서 선뜻 양보해주기 참 어려운 부분이다. 그런데 우유는 잠깐 비켜서서 모카에게 자신의 밥을 먹게 해주었다. 단순히 서열에서 밀려 밥을 내어준 것이 아니냐고 생각할 수도 있지만 그건 아닌 것 같다. 우유는 밥을 좋아하고, 매번 자신의 밥을 내어주지는 않으니 말이다.

우유는 타고나길 착하고, 마음이 너그럽다. 천사 같은 우유를 보면 내 마음도 정화되는 느낌이 든다. 어떻게 이런 천사가 우리집에 왔을까 하는 생각이 들기도 한다. 🐾

from 아빠

어느 날 우유가
꼬리를 헬리콥터의 프로펠러처럼 돌리며,
전 세계에 사랑을 전하러 가겠다며
날아올라가는 것은 아니겠지?

막냇동생이 생겼어요

모카, 시온, 우유. 어린이와 개린이 세 녀석들만으로도 정신없는 날들을 보내고 있는 우리 가족에게 새해 첫날부터 생각지도 못한 일이 일어났다.

새 생명이 찾아온 것이다. 아직 챙겨줘야 할 게 많고 가르칠 게 많은 시온, 에너지가 넘치는 우유, 점점 케어가 필요한 나이에 접어드는 모카. 그리고 곧 태어날 갓난아기까지 '넷이나 되는 녀석들을 우리 부부가 잘 케어할 수 있을까?'라는 걱정을 안 할 수 없었다.

아내는 힘든 입덧 시기를 겪으며 고생했고 나는 혼자서 모카와 우유, 시온이까지 챙기느라 바쁜 나날을 보냈다. 그렇게 길고 긴 열 달이 지나고 막내가 태어나던 날, 그런 걱정은 다 쓰잘데기 없는 것이었다. 작고 소중한 막내를 만나는 순간, 걱정 때문에 뾰족하게 솟은 마음이 사르르 녹아내렸다.

　모카와 우유가 막둥이를 만나는 날도 특별했다. 모카와 우유의 성격을 잘 알고 있음에도 혹시나 하는 마음에 긴장을 하고 있었다. 혹여나 모카와 우유의 반가운 마음이 거칠게 표현되지 않을까, 크게 짖어서 온유가 놀라지 않을까 등등 머릿속이 복잡했다.

　문을 열고 집에 들어가자, 아니나 다를까 아빠엄마가 집에 돌아온 것이 반갑다고 짖기 시작하는 모카. 그리고 얼굴부터 들이대는 우유. 평소 같으면 목청껏 짖고 빙글빙글 돌면서 기쁜 마음이 가실 때까지 흥분했을 모카와 우유인데, 손에 들린 아기 카시트에 코를 대고 킁킁거렸다.

　그때 놀라운 모습을 보았다. 냄새를 맡더니 모카는 왕왕 짖던 행동을 바로 멈췄고, 우유는 꼬리를 살랑살랑 흔들기 시작했다. 손님이 올 때마다 신이 나서 좋다는 표현을 한껏 하는 아이들인데, 처음 보는 아기가 누워 있는 카시트를 보고 단박에 조용해지다니!

　아기 카시트를 바닥에 내려놓자 조심조심 다가와 천천히 아기를 관찰하는 모카와 우유의 모습을 보았을 때 마음 한편이 찡해졌다. 우유는 아기의 발치에 얼굴을 살포시 올려놓고 반갑다며 꼬리를 흔들었고, 모카는 한 발 물러서서 아기를 물끄러미 쳐다보았다. "모카야, 우유야, 동생이야"라는 말을 알아들은 듯 웃으며 꼬리를 흔드는 아이들. 엄마의 배 속

milk

에 새 생명이 자라고 있던 걸 이미 알고 있었을까?

평소에 하고 싶은 말이 있으면 하울링으로 표현하던 우유가 잠든 아기를 위해 낮은 소리로 하울링하는 모습을 보면 뭔가 알고 있는 것 같다. 5년 전 아들 시온이가 태어났을 때도 모카는 비슷한 행동을 했다. 원래 낯선 소리가 들리면 목청껏 짖는 모카가 갓난아기인 시온이를 배려해 목소리를 낮춰 "워워" 조용히 짖었다. 그리 오래 가진 못했지만….

새 식구가 왔다는 걸 알고 젠틀하게 반겨주는 모카와 우유에게 고마운 마음뿐이다. 이제 개린이 둘, 어린이 둘과 함께 더욱 정신없는 일들이 많겠지만 아이들의 아빠엄마로서 더 큰 책임감을 가지고 살아야겠다는 다짐을 하게 된다.

from 아빠

모카우유야!
앞으로 온유와 사이좋게 지내자, 제발!
아빠도 온유가 너희들 머리끄댕이 잡아당기지 못하도록
항상 지켜봐줄게.

동생 껍딱지 우유와 츤데레 모카

새벽 6시. 막내 온유의 울음소리로 아침을 시작한 지 벌써 한 달째다. 칭얼대는 온유를 품에 안고 유축해둔 모유를 먹이러 아래층으로 내려간다. 어느새 우유도 함께 일어나 온유에게 인사를 건네겠다고 총총총 따라온다. 온유에게 잔뜩 뽀뽀를 하며 냄새를 맡는 우유. 온유의 안녕을 확인한 우유는 온유를 볼 수 있는 자리를 찾아 앉은 뒤 다시 잠을 청한다.

모유를 배부르게 먹이고 난 뒤에 잠을 재우려고 온유를 안고 있으면 온유의 상태를 확인하러 우유가 다시 찾아온다. 온유가 털이 없는 걸 알고 추울까 걱정되어서 다가왔을까? 따뜻한 김이 송송 나오는 주둥이로 자꾸 온유의 몸 아래에 깔려 있는 겉싸개를 밀어올려 위로 덮어준다.

우유는 종일 온유를 체크한다. 온유가 자고 있으면 방에 들어와 아기 침대의 난간 틈 사이로 온유를 오랫동안 바라보다가 방을 나온다. 수유를 할 때도 살며시 다가와 소파에 얼굴을 기댄 채 순둥순둥한 표정으로 밥 먹는 온유를 지켜본다.

온유가 잠에서 깨어나 울기 시작하면 우리 가족 중에서 제일 먼저 달려가는 것도 우유다. 우유가 언니 노릇을 한다고 열심히 돕는 모습을 보고 있으면 무엇이라고 정확히 표현하긴 힘들지만 어느새 내 마음도 따뜻해진다.

우유의 온유 사랑은 거기에서 끝나지 않는다. 온유가 잠에서 깨어나 놀이 시간을 가질 때도 옆에 자리를 잡고 폭풍 뽀뽀를 해준다. 흐뭇한 눈빛으로 바라보는 일도 잊지 않는다. 그러다 피곤해져서 낮잠을 자러 방으로 올라가면 마치 자기가 보디가드인 양 온유를 호위하며 앞장서서 길을 안내한다.

우리가 가족이기 때문에 말하지 않아도 아는 걸까? 본능적으로 돌봐주어야 할 존재로 인식하고 조심조심 대해주는 걸까? 수백 년 전부터 강아지는 인간의 친구로 함께해왔다지만 곁에서 경험하면 할수록 너무나도 신비하고 고마운 아이들이다.

하루 종일 막냇동생을 따라다니는 우유야, 너무나 고맙고 사랑한다. 근데 온유 육아는 엄마아빠가 담당해서 할게! 마음만 받을게! 그러다 우유 너까지 앓아누우면 엄마아빠는 죽어….

한편 모카는 그야말로 츤데레 사랑을 보여준다. 정말 현실 친오빠의 사랑이다. 아침잠 잘 것 다 자고, 느즈막하게 일어나 온유가 아래층에서 놀고 있으면 그제야 슬금슬금 다가온다. 그러고는 온유의 머리에 똥냄새 가득한 침을 범벅으로 묻히고는 시크하게 돌아선다. 입 한 번 열지 않고 밤새 농축시킨 입냄새를 묻히고 총총총 제 할 일을 하러 가는 모카.

그래도 온유가 울기 시작하면 걱정되는 눈빛으로 우리에게 다가와 신호를 주는 자상한 오빠다. 온유의 울음이 그치면 그제야 마음이 놓이

는지 활짝 웃음을 지어준다. 어쩌면 나이가 들어 우유처럼 적극적으로 표현을 못한다 뿐이지 나름 자신만의 방법으로 온유를 돌보고 챙겨주고 있는지도 모르겠다. 마음만은 언제나 자신이 내어줄 수 있는 만큼, 어쩌면 그 이상을 내어주는 모카. 말하지 않아도 괜찮아, 다 알고 있어. 우리는 가족이니까! 🐾

from 아빠

모카에게 🧡

　사랑하는 모카야! 엄마는 모카와 처음 만났을 때부터 지금까지 소중하지 않은 순간들이 하나도 없단다. 그저 단순히 예쁜 강아지를 키우고 싶은 마음에 너를 데려왔는데 어느새 돌아보니, 모카 너는 우리집에서 가장 소중한 존재가 되었고 그 누구보다 큰 행복을 가져다주는 가족으로 자리잡고 있더구나. 너는 바라만 보고 있어도 이유 없이 웃음을 짓게 만드는 놀라운 마법을 부리는 것 같아.

　강아지라면 100m 전부터 멀리 길을 돌아가야 했을 만큼 강아지를 무서워하던 엄마를 이제는 세상의 모든 유기견들을 구출해야 한다고 온갖 방법을 알아보고 다니는 사람으로 만들어줬단다. 강아지뿐 아니라 모든 동물들이 지닌 생명의 소중함을 일깨워줘서 너무나 고마워 모카야.

　혼자 모두의 사랑을 독차지하다가 동생이 하나둘 생기면서 많이 당황스럽고 섭섭한 마음이 들기도 했을 텐데…. 그럼에도 이름만 불러도 꼬리를 살랑살랑 흔들며 미소 짓는 모습을 보여줘서 고맙고 미안해. 너에 대한 사랑은 매일 새롭게 마음속 가득 차오른단다.

　함께해온 지 8년, 나이가 들며 이빨이 하나씩 빠지고 몸 이곳저곳에 알 수 없는 덩어리가 생겨나는 너의 모습을 물끄러미 바라볼 때는 마음이 욱신욱

신 아려와. 예전에는 털이 빠져도 금방 다시 자라더니 이제는 왜 자꾸 빠지기만 하고 자라나질 않는 건가 야속하고. 강아지의 수명이 12~15년이라는데 모카의 시간만큼은 제발, 조금만 느리게 갔으면 좋겠어.

지금까지 우리 가족에게 너무나 큰 행복과 기쁨을 준 모카야. 네가 우리에게 베풀어줬던 것 같이 이제부터는 엄마아빠가 더욱 모카의 일생을 책임지고 마지막 날까지 따뜻하게 보살펴줄게. 항상 고맙고 미안해. 사랑한다!

모카를 너무나도 사랑하는 엄마가

우유에게 ♥

    우유야, 하루 24시간 환한 미소로 반겨주는 우유야! 너를 만나게 되서 아빠는 얼마나 기쁜지 몰라. 하얀 눈으로 뒤덮인 솜뭉치처럼 뽀얀 너를 만난 게 엊그제 같은데 벌써 동생이 생겼네. 매일 "그만 좀 촐랑대라", "정신없이 뛰어다니지 좀 말아라" 말은 하지만 아빠는 사실 우유가 그런 밝은 모습을 잃지 않았으면 좋겠어. 나이가 들어도 항상 아기처럼 순수한 마음을 지킬 수 있도록 곁에서 많이많이 사랑해주겠다고 늘 다짐한단다.

    하루 종일 에너지 넘치는 우유가 만족할 때까지 놀아주지 못해서 항상 미안하게 생각하고 있어. 근데 미안하긴 한데, 아무리 그래도 그렇지 어떻게 강아지공원만 가면 아빠는 없는 사람 취급하고 다른 아저씨 아줌마만 찾아다니며 꼬리를 살랑대는 거니…. 가끔은 우유가 정말 아빠엄마를 버리고 다른 새아빠 새엄마를 찾아갈까 너무 두려워. 아빠가 우유 좋아하는 소고기 많이 사줄게, 어디 가지 마!

    요즘 아빠의 작은 바람이 있단다. 우유를 사랑해주는 분들이 많이 생기고 우유의 일상을 봐주는 분들도 많이 생겼으니, 우유가 사랑받는 모습을 더욱 많이 보여주어서 '강아지도 감정을 느끼며 성격도 생각도 다른 하나의 소중한 생명'이라는 걸 더욱 널리 알렸으면 해. 혹시 아니? 우유의 그런 영향력

하나하나가 모여, 한국과 해외를 막론하고 어려움에 처해 있는 강아지 친구들에게 작은 기적을 선물할 수 있을지?

아빠엄마와 살아온 날보다 앞으로 함께할 날이 더 많을 우유야, 앞으로도 항상 건강하길 바란다. 우유의 티 없이 맑은 미소, 평생 그대로 간직하렴. 우리 가족에게 선물처럼 찾아와줘서 너무 고마워. 앞으로 아빠엄마, 모카, 시온이, 우유, 온유 이렇게 온 가족이 함께하며 행복한 날들만 가득할 수 있도록 아빠가 있는 사랑 없는 사랑 모두 아낌없이 줄게. 사랑해 우유야!

우유를 아낌없이 사랑하는 아빠가

Q & A

모카와 우유에 대한 모든 것!

Q. 모카우유는 영어와 한국어 중 어느 말을 더 잘 알아듣나요?

모카는 어릴 적부터 한국어로 교육을 시켜서인지 한국어를 더 잘 알아들어요. 반면 우유는 영어로 교육을 해서 영어를 더 잘 알아듣습니다.

특히나 우유에게 집 밖에선 영어로 말을 하는데, 영어로 교육을 한 이유는 우리가 사는 곳이 캐나다이기 때문이랍니다. 한국어만 알아듣는 모카가 여기 캐나다의 동물병원에 다닐 때 불편한 점이 많았거든요. 수의사가 진료를 위해 모카에게 "sit(앉아)", "wait(기다려)", "stay(잠깐)"라고 말하면 전혀 알아듣지 못해서 모카에게 통역을 해야 했어요. sit, wait, stay 같은 기본적인, 그러나 긴급 상황엔 꼭 필요한 명령어들이 밖에서 더 많이 쓰이기 때문에 우유에겐 그런 상황을 대비해 처음부터 영어로 가르쳤어요.

그런데 집에서는 "앉아", "누워", "기다려", "잠깐", "이리 와", "하지 마" 등의 한국어를 많이 쓰다보니 우유도 자연스럽게 몇 가지 단어는 한국어로도 잘 알아들어요. 모카도 마찬가지로 밖에서 우유에게 쓰는 영어로 된 명령어를 듣다보니 몇 가지 영어 단어는 알아듣고 잘 따라준답니다.

mocha

Q. 모카우유는 엄마를 더 좋아하나요, 아빠를 더 좋아하나요?

모카는 무조건 엄마입니다. 세상 그 누구보다 엄마를 제일 좋아해요. 엄마가 가는 모든 곳을 따라다니고, 엄마가 침대에 누우면 꼭 엄마 옆에 누워야 하는 '엄마바라기'입니다.

우유는 모든 가족을 공평하게 좋아하는 것 같아요. 엄마를 더 좋아하는 것 같다가도 아빠를 잘 챙겨주는 마음 따뜻한 녀석입니다. 누구 한 명이라도 외출을 하면 그 식구가 돌아올 때까지 하염없이 문 앞에서 기다려줘요.

Q. 모카우유는 물지 않나요?

모카와 우유 둘 다 아직 누굴 문 적은 없어요. 모카는 성격이 타고나길 예민해서 누군가 건드리거나 귀찮게 하면 싫다는 표현으로 으르렁거려요. 그렇지만 물지는 않아요. 심지어 우유는 기분이 나빠서 으르렁거리는 것도, 불편하다고 코를 찡긋하는 모습도 본 적이 없어요.

그러나 '모카와 우유가 앞으로 평생 그 누구도 물지 않을 것이다'라고 장담은 못합니다. 사람도 변하듯 모카와 우유도 언제 어디서든, 상황에 따라 변할 수 있기 때문이지요. 그건 아마 모든 강아지의 경우에도 마찬가지일 거예요. 불편해서 코를 찡긋하거나 싫다고 으르렁거리는 상황을 안 만드는 것이 가장 좋고, 그런 상황이 발생한다면 최대한 빠르게 캐치해 아이들의 마음을 잘 다독여주는 게 차선책인 것 같아요.

Q. 모카우유가 싫어하는 말이나 행동은 무엇인가요?

모카가 싫어하는 말은 '샤워하자'입니다. 그리고 '조용! 짖지 마!'도 듣기 싫을 거예요. 하지만 뭐라고 하든 자기 성에 찰 만큼 짖기 때문에 짖지 말란 소리에 개의치 않는 것 같아요. 모카가 싫어하는 행동은 끝도 없습니다. 세상 까칠해서서….

우유가 싫어하는 말은 '안 돼!'일 거예요. 강아지에게 위험한 초콜릿을 먹고 있거나 아이들에게 줄 수 없는 간식을 먹고 있는 중에 달라고 하면 '안 돼'라고 말하는데, 그때마다 평소와는 다르게 구슬픈 목소리로 하울링을 하거든요. 우유가 싫어하는 행동은 얼굴 근처에 바람을 불어넣는 것. 정말 싫어합니다. 언젠가 우유의 눈곱을 떼어주며 후! 하고 불었는데 '예의 없게 뭐하는 짓이냐!'라는 듯 정색하고 "왕!" 짖더라고요. 그땐 미안했습니다.

Q. 사모예드를 키우며 느끼는 현실적인 어려움이 있나요?

책과 유튜브 채널에서도 여러 번 언급했지만 사모예드를 키울 때 느끼는 제일 큰 고충은 털입니다. 빠지는 양이 어마어마하고, 이중모이며 모량이 풍성하기 때문에 빗질을 꼼꼼하게 수시로 해줘야 합니다.

사모예드는 성격이 상냥하고 순둥순둥하며 착하지만 그만큼 많은 사랑을 받아야 합니다. 가족들이 사랑해주고 놀아주는 데 쏟는 시간이 부족하지 않아야 해요. 특히 육체적 에너지가 넘치기 때문에 산책을 정말 자주 나가야 합니다. 단순히 걷는 것에서 그치지 않고, 다른 강아지 친구들을 만나 뛰어놀며 에너지를 해소해야 한답니다.

Q. 사모예드처럼 중대형견을 키우면서 느끼는 장단점은 뭔지 알려주세요.

장점은 커서 더 귀여워요. 품에 넘쳐나게 안긴다든지 힘들 때 기대어도 가만히 있어준다든지. 풍채에서 느껴지는 푸근함이 있습니다.

멀리 여행을 가는 게 조금 자유롭지 못한 것이 단점입니다. 예를 들어 온 가족이 한국을 방문하려고 해도 모카는 기내에 탈 수 있지만 우유는 화물칸에 들어가 13시간을 힘들게 가야 해요. 그런 점이 싫어서 우유가 집에 온 이후론 장거리 비행을 해야 하는 여행은 가본 적이 없어요.

Q. 오카우유는 물놀이를 좋아하나요?

모카와 우유는 물을 그렇게 좋아하지 않아요. 목욕할 때만 봐도 모카는 정말 싫어하고, 우유는 그나마 잘 참는 편이긴 하지만 둘 다 물에 들어가는 걸 즐기지 않는 것 같아요.

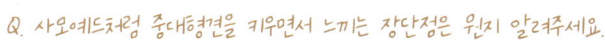

Q. 오카우유의 목욕 주기는 어떻게 되나요?

모카는 최근 탈모가 생겨 2주에 한 번씩 목욕을 합니다. 우유는 3~4주에 한 번 목욕을 해요. 물론 너무 뛰어놀아서 흰 털이 흙먼지로 물들면 그날은 특별히 목욕을 또 한답니다.

Q. 모카우유에게 짖지 않는 훈련을 해본 적이 있나요?
모카와 우유의 짖지 않기 훈련은 실패했어요. 그냥 원할 때 마음껏 짖도록 놔둡니다. 다만 너무 늦은 밤이나 이른 아침, 손님이 방문했을 때 등의 상황에서는 조금 살살 짖도록 다독여주는 정도만 하고 있어요.

Q. 모카우유의 최애 간식과 최애 장난감을 알려주세요.
모카우유의 최애 간식은 군고구마와 말린 닭고기입니다. 둘 다 입맛이 일치해서 다행이에요. 우유는 땅콩버터와 삶은 달걀도 좋아해요.
최애 장난감은 조금 달라요. 우유는 딸랑이가 들어 있는 푹신한 인형, 모카는 찌그러진 페트병을 좋아합니다.

Q. 이웃들이 대형견을 무서워하지는 않나요?
지금 살고 있는 동네의 이웃들은 중대형견에 대한 편견은 없어 보입니다. 캐나다에는 중대형견을 키우는 사람이 워낙 많기 때문에 대부분 덩치가 큰 우유를 봐도 친근하게 느끼는 것 같아요.
하지만 당연히 중대형견뿐 아니라 소형견도 무서워하는 사람이 있을 거예요. 산책을 할 때 그런 분들을 만나면 먼저 지나갈 수 있게 한 발짝 떨어져 기다리거나 멀리 돌아서 산책을 가기도 한답니다.

Q. 모카우유에게 생식은 어떻게 먹이시나요?

저희집은 강아지용품점에서 생식을 삽니다. 캐나다는 생식이 대중화되어 있어서 어디서든 쉽게 구입할 수 있어요.

지금 모카와 우유가 먹고 있는 생식은 80%의 살코기, 10%의 뼈, 10%의 내장으로 만들어졌어요. 아이들이 살코기만 먹을 때는 설사와 복통을 유발할 수 있다고 합니다. 그래서 뼈와 내장을 함께 먹어야 살코기에 부족한 비타민과 미네랄 등을 골고루 섭취할 수 있답니다. 만약 생식을 구매해서 먹이려고 한다면 성분을 꼭 꼼꼼하게 따져보세요!

Q. 모카우유가 먹는 영양제는 무엇인가요?

모카와 우유에게는 글루코사민과 오메가3를 먹이고 있습니다. 그 외에 필요한 영양 성분은 생식에 대부분 포함되어 있다고 해요.

글루코사민은 관절에 좋은 영양제라서 8살이 된 모카에게도, 한창 뛰어놀기 좋아하는 우유에게도 도움이 될 것이라고 생각해요. 오메가3는 혈액순환을 원활하게 만들어주고, 다양한 염증을 이겨내는 데 효과가 있다고 해서 따로 먹이는 중입니다.

모카우유, 사랑해

초판 1쇄 인쇄 2019년 11월 15일
초판 1쇄 발행 2019년 11월 20일

지은이 모카우유 엄마아빠
발행인 구우진
사업총괄본부장 박성인
편집팀장 김민정 **책임편집** 김희현
마케팅 이승아 이석영
저작권 미하이
제작 이성재 장병미 고영진
디자인 타입타이포
발행처 메가스터디(주)
출판등록 제2015-000159호
주소 서울시 마포구 상암산로 34 디지털큐브빌딩 15층
전화 1661-5431 **팩스** 02-3486-8458
홈페이지 http://www.megabooks.co.kr
이메일 megastudy_official@naver.com

ISBN 979-11-297-0529-7 03810
© 모카밀크, 2019

엔트리는 메가스터디(주)의 단행본 브랜드입니다.
이 책은 메가스터디(주)의 저작권자와의 계약에 따라 발행한 것이므로
무단 전재와 무단 복제를 금지하며, 이 책 내용의 전부 또는 일부를 이용하려면
반드시 저작권자와 메가스터디(주)의 서면 동의를 받아야 합니다.
잘못된 책은 구입하신 곳에서 바꾸어드립니다.